바다의
미래가
사막이라면

오도독 06
바다의 미래가 사막이라면
김종성 지음
생물 다양성부터 탄소중립까지

짠!

앉은자리에서
뚝딱 끝낼 수 있는
과학 시리즈가 여기 왔다!

짧고 굵고 빠삭하게, 최신 과학을 과자처럼

오늘도 가볍게 완독!

<오도독> 시리즈의 출간 소식을
누구보다 빠르게 인스타그램에서 확인하세요!

지금부터
나를 따라와!

알수록 멋진
K-바다 이야기를
들려줄게!

차례

K-바다가 궁금해?

#판구조론 #생물 다양성 #생태계 서비스 #환경 수용력

바닷속 만남의 광장, 동해로!

#조석 #해류 #조경 수역 #바다 사막화 #생물 주권

수족관, 폐지해야 할까?

신비로운 갯벌 천국, 서해로!

#조간대 #만조 #간조 #사리 #조금 #온실효과 #탄소중립 #블루카본

탄소세, 도입해야 할까?

오밀조밀 섬들의 고향, 남해로!

#리아스식 해안 #곶 #만 #해식애 #파식대 #해양성 기후 #적조 #플랑크톤

1장

K-바다가 궁금해?

바다는 다
거기서 거기?
천만의 말씀!

웬
세계 지도?
바다 보려고!
지구 표면의 약 71%나
차지한대.
심지어 바다마다
특성도 다르고 색깔도
다르다니까!
엉?
바다는 다 파란색
아니었어?

지구와 바다의 탄생

바다 좋아해? 푸르고 깊고 드넓은 바다를 마주하면 왠지 우리가 정말 작아 보이지? 요즘은 블루 푸드라고 해서 바다에서 나는 각종 영양가 높은 수산물이 세계적으로 인기잖아. 우리 식탁을 책임지는 바다의 풍요로움을 말하자면 끝이 없지. 오히려 그게 너무 당연해서 바다의 고마움을 잘 모르고 살아가는 것 같아. 공기나 물, 흙처럼 바다는 우리가 살아가는 데 필요한 것들을 수없이 내주고 있는데 말이야.

그렇다면 '바다'의 뜻은 정확히 뭘까? 먼저 지구를 생각해 볼까? 지구의 표면은 29%의 육지와 71%의 바다로 덮여 있어. 육지는 우리가 밟고 살아가는 땅이잖아. 그 반대가 바다지. 육지를 빼고 지대가 낮은 곳에 소금물이 괴어 하나로 이어진 부분 말이야. 그럼 이 거대한 바다는 언제 어떻게 만들어졌을까? 바다의 탄생을 알려면 태양과 지구의 탄생부터 알아보는 게 먼저야.

태양과 지구를 포함한 태양계 행성들은 성운이 모여서 만들어졌어. 이를 '성운설'이라고 해. 태초에 우주를

떠돌던 수소와 헬륨, 먼지 같은 물질이 모여서 구름 모양의 성운을 만들었고, 성운이 점점 커지다가 중력을 가지면서 수축하기 시작했지. 수축을 거듭할수록 회전 속도는 빨라져 결국 원반 모양의 큰 성운이 만들어졌어. 이게 바로 '원시 태양계'야.

원시 태양계가 수축을 반복하면서 중심핵 부분의 온도와 밀도는 더욱 높아져 '원시 태양'이 됐어. 그리고 그 주위를 도는 수많은 미행성체는 서로 계속 충돌하면서 수백 개의 원시 행성으로 발전했지. 그중 하나가 '원시 지구'야. 지금으로부터 약 46억 년 전의 이야기지. 오늘날 태양계에는 지구를 비롯한 8개의 행성이 남아 있잖아. 수금지화목토천해! 잘 알지?

미행성체와 계속 충돌하면서 원시 지구의 표면은 액체 상태의 마그마처럼 변했어. 이를 '마그마 바다'라고 해. 이후 수억 년이 지나는 동안 미행성체와의 충돌은 잦아들었어. 마그마 바다가 식기 시작하면서 지구 표면에 최초의 땅껍질이 얇게 나타났지. 그런데 화산이 폭발하며 땅껍질의 약한 틈새로 마그마가 뿜어져 나오기 시작했어. 수많은 화산 폭발로 지구 밖으로 쏟아져 나온 마그마는 기체를 끊임없이 뿜어냈어. 가벼운 수소는 지구 밖으로 날아가고 무거운 수증기, 이산화탄소, 질소 같은 가스만 지구 표면에 머물렀지.

지구가 식어 가면서 대기 중의 수증기는 응결하기 시작했어. 이때 만들어진 수많은 비구름은 원시 지구에 뜨거운 비를 뿌렸고, 이 비가 모여서 '원시 바다'가 생겨났다고 해. 대략 38억 년 전에 말이야. 지구에 최초로 내린 비는 300℃가 넘을 정도로 뜨거웠대. 신기하지? 그래도 그때 1,300℃로 펄펄 끓고 있던 지구를 식혀 주기에는

미행성의 충돌로 뜨거워진 원시 지구의 표면을 상상한 그림

충분했어.

비는 1,000년 넘게 쉬지 않고 내리고 또 내렸어. 엄청나게 뜨거웠던 지구의 온도는 빠르게 내려갔고, 그 이후로도 수천만 년 동안 천천히 식어 갔지. 덕분에 원시 바다의 온도는 150℃ 정도까지 떨어졌다고 해. 그 후 바다의 온도가 계속 낮아지면서 다양한 생물이 나타나게 됐어. 이제 지구 최초의 생명체에 대해서 알아볼까?

지구 생명체의 출현

그동안 지구상 최초의 생물은 약 38억 년 전에 나타났다고 추정해 왔어. 그런데 최근에 43억 년 전 살았던 미생물 화석이 세계에서 가장 오래된 암석 중 하나인 캐나다의 누부악잇턱 암대에서 발견된 거야. 또 한 번의 놀라운 발견이었지. 지구에 생명체가 나타난 시기가 43억 년 전까지 앞당겨졌으니 말이야.

이곳에서 발견된 지구 최초의 생명체가 궁금하지? 그 주인공은 철 광물을 산화해서 에너지를 얻는 박테리아야. 빛을 이용하지 않고 화학적으로 영양물을 만들어 살아가는 미생물이지. 깊은 바다에서 더운 물을 뿜어내는 열수분출공에서 생겨난 것으로 추정하고 있어. 이때까지만 해도 호흡을 하는 생물은 아직 나타나지 않았어. 숨을 쉬며 살기에는 지구에 산소가 부족했거든.

지금처럼 대기에 산소가 많아진 것은 약 30억 년 전에 최초의 광합성 생물이 나타나면서부터야. 시아노 박테리아라고 부르지. 광합성은 생물이 빛에너지를 이용해

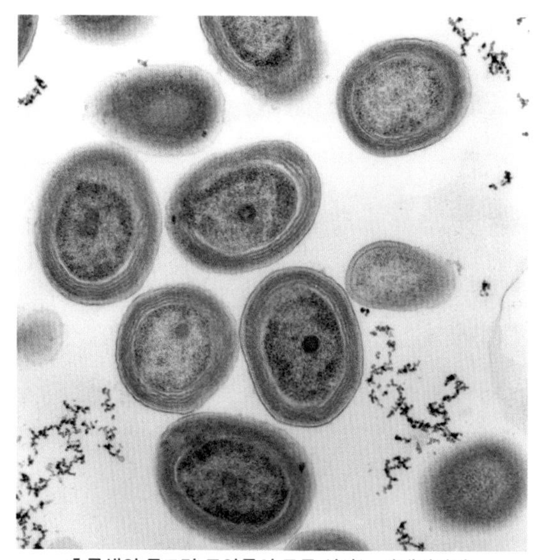

초록색의 동그란 모양들이 모두 시아노 박테리아다.

이산화탄소와 물로 포도당과 산소를 만드는 과정이잖아. 시아노 박테리아의 광합성으로 산소가 빠르게 늘어났고, 오늘날 같은 대기가 만들어진 거야. 참 고마운 친구지? 덕분에 우리가 지금 숨을 쉬고 살아갈 수 있으니까.

산소로 호흡하는 지구상 최초의 동물도 최근 새롭게 밝혀졌어. 그 주인공은 바로 빗해파리야. 원래 지구 최초의 동물은 해면동물이라 알려져 있었거든. 온몸에 구멍이 송송 난 만화 주인공 스폰지밥이 바로 이 해면동물이야. 연구 결과에 따르면 약 7억~8억 년 전, 빗해파리가 단세포 생물에서 처음 갈라져 나왔고, 그 이후에 해면동물이 등장했다고 해. 이어서 공룡과 인간을 포함한 다른 동물로 갈라졌대. 사실 지구 최초의 동물이 빗해파리인지는 아직 확실치 않아. 여러 가설을 세우고 계속 연구 중이라니 좀 더 지켜봐야 하지.

약 46억 년 전에 출발한 원시 지구 그리고 수억 년에 걸쳐 탄생한 원시 바다와 지구 생명체를 생각해 봐. 약 30만 년이라는 짧은 역사를 가진 인간이 지구에 발을 디딘 채 살아간다는 사실이 신기하지 않아? 동시에 인간은 100년도 채 안 되는 시간 동안 온실가스를 마구 뿜어내며 지구를 망가뜨리고 있어. 아름다운 지구와 풍요로운 바다 그리고 지구에 사는 다양한 생명체는 앞으로 어떻게 될까? 지금이라도 함께 살아갈 수 있는 방법을 찾아야 하지 않을까?

바다는 얼마나 클까?

바다의 크기가 얼마나 되는지 알아? 흔히 '바다는 지구의 약 71%를 차지한다'라고 말하잖아. 마치 바다가 살아 있는 것처럼 말이야. 사실 정확한 표현은 '지구의 약 71%가 바다로 덮여 있다'야. 세계 지도를 쫙 펴놓고 보면 바로 알 수 있어. 바다가 육지보다 2배 넘게 크다는 사실을 말이야.

그런데 이건 우리 눈에 보이는 표면적만 따졌을 때 이야기야. 바닷물에 잠긴 부분은 뺀 거지. 실제 바닷물의 부피까지 고려하면 바다는 육지보다 10배나 크다고 해. 육지의 평균 고도는 840m밖에 안 되지만 바다의 평균 수심은 3,700m거든. 엄청 깊지? 육지를 바닷속에 몽땅 밀어 넣어도 지구는 수심 2,860m나 되는 물로 뒤덮여 있는 셈이야. 지구를 괜히 푸른 별이라고 하는 게 아니지!

우리나라 바다는 어떨까? 서해, 남해, 동해의 평균 수심은 각각 50m, 100m, 1,500m야. 전 세계 바다의 평균 수심인 3,700m에 비하면 얕은 편이지.

오늘날 세계에서 가장 깊은 바다는 태평양 북마리아나 제도의 동쪽에 자리한 마리아나 해구야. 태평양판이 필리핀판과 부딪혀 밑으로 들어가면서 만들어졌지. 평균 수심이 무려 7,000~8,000m나 되고 해구의 평균 너비도 70km나 된다고 해. 무시무시한 바다 골짜기라고 생각하면 되지. 육지에서 가장 높은 에베레스트산도 마리아나 해구에 잠길 정도니까!

하나 더 놀라운 사실은 지구의 물 가운데 바닷물이 차지하는 비율이야. 무려 97%가 넘거든. 나머지는 민물이지. 민물은 바닷물과 달리 소금기가 없어서 우리가 먹을 수 있는 물이야. 표층수라고도 불러. 그런데 민물은 대부분 빙하와 지하수로 이루어져 있어. 놀랍게도 육지에 있는 강과 호수는 전체 민물의 1% 정도밖에 안 돼. 결국 우리가 지구상에서 쓸 수 있는 민물은 정해져 있어. 땅속

마리아나 해구의 깊이

에 있거나 얼음 형태로 존재하는 물을 바로 이용할 수는 없으니까. 이 말은 일상에서 쓸 수 있는 물의 양이 아주 적다는 뜻이야. 육지의 민물이 오염되지 않도록 잘 관리해야 하는 이유지.

바다와 땅이 움직인다고?

수업 시간에 '오대양 칠대륙'이라고 들어 봤지? 세계 지도를 보면 큰 바다가 5개, 대륙이 7개로 나뉘어 있잖아. 세계의 바다는 표면적만 따졌을 때 태평양, 대서양, 인도양, 남극해, 북극해 순서로 커. 그리고 7개의 대륙 중에서는 우리나라가 있는 아시아가 제일 크지. 그다음으로는 아프리카, 북아메리카, 남아메리카, 남극 대륙, 유럽, 오세아니아 순이야.

땅과 바다는 오랜 시간 모였다가 흩어지기를 반복해 왔어. 원시 지구가 만들어지고 나서 지금의 오대양 칠대륙이 있기까지 말이야. 크고 작은 대륙이 모여 엄청나게 큰 대륙이 되었다 나뉘는 과정을 거쳐 오늘날 모습을 갖추게 된 거지. 아주 먼 옛날 지구도 원래는 하나의 거대한 대륙이었대. 이를 '초대륙'이라고 불러.

지구상 최초의 초대륙은 '발바라'로 추정돼. 발바라는 약 36억 년 전에 만들어지기 시작해 5억 년이 지나서야 완전히 하나가 됐을 거래. 지금의 남아프리카 동부와 호주 서부에 해당하지. 오늘날 7개 대륙이 모두 모여 만들어진 최초의 초대륙은 '판게아Pangaea'라고 불러. '모든 땅'을 뜻하는 그리스어에서 유래한 말이지. 약 3억 년 전에 판게아가 만들어졌을 때는 바다도 하나였어. 그래서 판게아를 둘러싼 바다의 이름은 '모든 바다'를 뜻하는 판탈라사Panthalassa라고 해. 지구에 육지와 바다가 하나씩만 있었다니 참 신기하지?

대륙이 이동하는 것을 설명하는 이론을 **판구조론**이라고 해. 19세기 말에서 20세기 초반까지만 해도 지구가 고체라는 이유로 표면은 고정되어 있다고 생각했어. 그

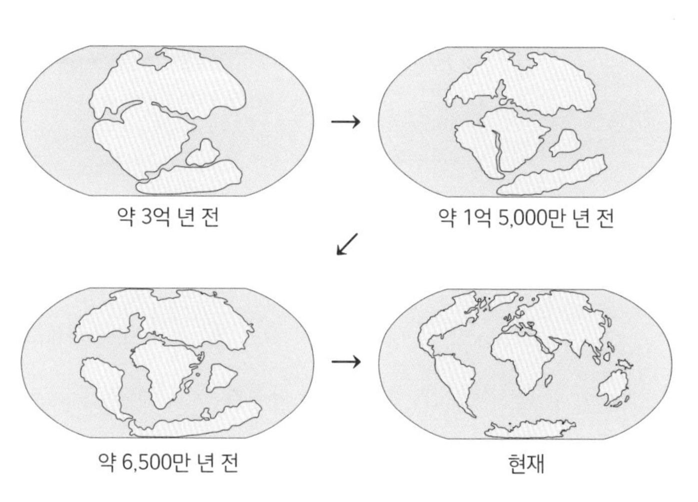

판게아의 분리 과정

런데 1915년에 독일의 기상학자이자 지구물리학자인 알프레트 베게너가 지구의 대륙이 한때 하나의 큰 대륙이었다가 갈라졌다고 주장했지. 바로 '대륙이동설'이야. 처음에는 아무도 그의 말을 믿지 않았다고 해. 지구의 대륙이 빙산처럼 떠다닌다니 꼭 소설 같잖아.

안타깝게도 베게너가 죽고 난 후, 상황은 곧 바뀌었어. 대륙이동설을 뒷받침해 주는 연구 결과가 잇따라 나오기 시작했거든. 대륙이동설은 1960년대에 판구조론으로 발전했어. 그 핵심 원리는 다음과 같아. 지구 내부의 표층은 크게 암석권과 그 밑의 연약권으로 구분할 수 있어. 암석권은 몇 개의 판으로 이루어져 있는데, 암석이 조금 녹은 상태인 연약권 위를 떠다니지.

판구조론에 따르면 지구의 대륙과 바다는 10여 개나 되는 판으로 이루어져 있대. 3억~5억 년마다 형성과 분열을 반복해 왔다고 하지. 약 46억 년 동안의 지구 역사를 보면 대략 10개가 넘는 초대륙이 존재했다고 볼 수 있어. 몇억 년이 지난 후에는 지금의 오대양 칠대륙이 다시 하나의 대륙을 이룰 수도 있겠지. 언젠가 초대륙이 만들어진다면 바다도 하나가 되겠지? 과연 그때도 우리 인간이 초대륙을 누비며 거대한 바다를 항해할 수 있을지 궁금해져.

황해, 흑해, 홍해, 백해

바다가 하나였을 때 그 색깔은 어땠을까? 지금처럼 푸른색이었겠지? 사실 바다가 푸른색으로 보이는 이유는 빛의 파장 때문이야. 물속을 통과하는 빛은 파장에 따라 물에 흡수되는 정도가 다르거든.

태양으로부터 온 빛은 대기나 지표에서 반사되거나 흡수돼. 바다에 도달해도 물의 깊이에 따라 흡수되는 정도가 다르지. 수심이 깊어지면서 파장이 긴 붉은색이나 노란색 빛은 물에 빨리 흡수되는 반면, 파장이 짧은 파란색 빛은 덜 흡수돼. 결국 파란색 빛은 바닷속으로 더 깊이 내려가게 돼. 그럼 어떤 현상이 일어날까? 물속에 남아 있는 파란색 빛은 수많은 물 분자와 물속을 떠다니는 작은 입자에 부딪혀 이리저리 흩어져. 이것을 빛의 산란이라고 해. 파란색 빛이 반사되면서 바다가 파랗게 보이는 거지. 만약 수심이 더 깊어지면 모든 빛은 흡수되고, 우리 눈에는 검게 보일 거야.

그럼 세상에는 파란색 바다밖에 없을까? 아니! 독특한 색깔을 띤 바다도 있어. 서해도 그중 하나지. 우리나라의 서쪽 바다와 중국의 동쪽 바다를 일컬어 '황해'라고 해. 누를 황黃이라는 한자 그대로 바다 색깔이 누렇거든. 중국에서 가장 긴 양쯔강은 물론이고 우리 서해로 흘러드는 수많은 강을 통해 엄청난 양의 흙과 모래가 유입되면서 바다를 황토색으로 물들인 거지. 서해에 끝없이 펼쳐진 갯벌을 떠올리면 쉽게 이해될 거야.

황해 말고도 흑해, 홍해, 백해가 있어. 이름에서 바로 바다의 색과 특징을 유추할 수 있지. '흑해'는 유럽 남동부와 서아시아 사이에 자리한 검은빛 바다야. 사방이 내륙으로 둘러싸여 있다 보니 바다라기보다는 어마어마하게 큰 호수처럼 보이지. 과거에는 흑해의 수위가 지금보다 낮아 진짜 호수였다는 추측도 있어. 지금은 지중해와 연결된 바다지만 말이야. 흑해는 다른 바다보다 물이 잘 순환되지 않아서 산소가 부족해. 그래서 물속에 죽은 박테리아가 쌓여 부패하게 돼. 이때 검은색 황화수소가 많이 발생해서 검은빛을 띠게 된 거지.

다음으로 '홍해'는 아라비아반도와 아프리카 사이에 있는 좁고 긴 바다야. 북쪽으로 홍해와 지중해를 잇는 수에즈 운하가 만들어지며 유럽과 아시아를 오가는 거리가 엄청나게 줄어들었지. 세계 무역을 책임지는 가장 중요한 교통로 중의 하나라 할 수 있어. 홍해 지역은 수온이 높고 질소, 인 같은 영양염류의 유입이 많아 붉은색을 띠는 생물이 대량으로 발생하면서 바다가 붉게 보여. 해초나 산호가 많은 것도 원인 중 하나지.

끝으로 '백해'는 북극해의 일부로, 러시아의 콜라반도와 카닌반도 사이에 있는 바다야. 백해를 '하얀 바다'라 부르는 이유는 1년의 절반 넘게 얼어붙은 해변과 섬 사이로 거대한 얼음덩어리가 떠다니기 때문이야. 북극의 하늘빛이 바다에 비쳐 새하얗게 보이는 건 덤이지.

지금껏 살펴본 것처럼 황해, 흑해, 홍해, 백해는 저마다 자리한 위치나 고유한 환경에 따라 독특한 색깔을 띠고 있어. 이름에 숨어 있는 자연의 신비로운 비밀이지.

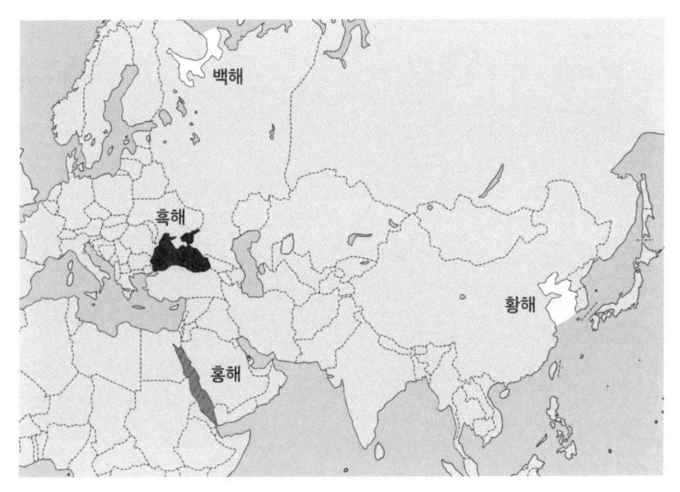

백해, 흑해, 홍해, 황해의 위치

우리 바다는 무지개 빛깔!

그렇다면 우리나라 바다는 어떨까? 바로 무지개 빛깔이라 할 수 있어. 다른 곳에 비해 아주 다채로운 빛깔을 지니고 있거든. 우리나라는 육지가 바다에 길게 뻗어 나와 삼면이 바다로 둘러싸인 반도야. 주변 바다가 각각 네 가지 색을 띠고 있지. 앞서 살펴본 황톳빛의 누런 서해를 비롯해 쪽빛 카리스마를 가진 동해, 분홍빛 아름다움을 간직한 남해 그리고 에메랄드빛 제주 바다가 있어.

이렇게 다양한 색깔을 띤 바다가 있는 곳은 전 세계에서도 찾아보기 어려워. 특히 땅 크기도 작은 우리나라에 이렇게 다채로운 무지갯빛 매력의 바다가 있다는 게 너무 신기하지 않아?

우리나라 삼면에 걸친 바다를 서로 다른 색으로 굳이 표현한 진짜 이유는 따로 있어. 바로 K-바다만이 가지고 있는 해양 환경 때문이지. 좀 더 자세히 알아볼까?

첫째, 동해가 남색을 띠는 이유는 수심 때문이야. 앞에서 수심이 깊을수록 색이 더 진해진다고 했지? 동해는 수심이 깊고 경사가 급해. 동해로 흘러 들어가는 강이 거의 없어서 흙과 모래의 유입도 적은 편이지. 그래서 갯벌보다는 암석이 깎여 나간 지형이 바닷가에 많이 나타나. 그리고 동해에는 우리 땅 독도가 있잖아. 독도 앞바다도 2,000m 넘게 깊다는 사실을 기억하자고!

둘째, 서해는 동해와 반대로 수심이 얕고 경사가 완만해. 큰 강은 대부분 서해 쪽으로 흘러들다 보니 육지에서 들어오는 흙과 모래도 많지. 흙탕물을 한번 생각해 봐. 아주 누렇지? 서해를 '황해'라고도 부른다고 했던 게 기억날 거야. 이런 조건에서는 고운 점토로 이루어진 갯벌이 잘 만들어져. 그래서 서해에는 전 세계적으로 보기 드문 광활한 갯벌이 펼쳐져 있어.

셋째, 남해는 다양한 생물이 서식하는 환경을 갖추고 있어. 동해와 서해의 중간이라고 보면 돼. 그래서 동해뿐 아니라 서해에 사는 생물까지 고루 나타나. 남해의 생물 다양성이 높게 나타나는 이유지. **생물 다양성**은 지구에 사는 생물종, 생물의 보금자리가 되는 생태계, 생물이 지닌 유전자의 다양성을 통틀어 이르는 말이야. 남해는 해안선도 복잡해서 물고기를 바다에 가둬 키우는 양식장이 많아. 그러다 보니 이상 번식으로 바다가 붉게 물드는 적조 현상이 일어나곤 해. 푸른 바다가 붉게 물들면서 남해가 분홍색을 띠게 되는 거지.

넷째, 제주 바다는 서쪽으로는 서해처럼 수심이 얕고 완만해. 반면에 동쪽으로는 비교적 수심이 깊은 편이야. 화산섬인 제주도 바닷가에는 다양한 색깔을 띤 고운 모래가 많아. 현무암에서 떨어져 나온 검은 모래, 화산재가 뭉친 갈색 모래, 조개껍데기나 산호가 부서져 만들어진 하얀 모래 등 종류가 다양하지. 그리고 부서지는 파도를 따라 고운 모래들이 해변을 덮고 있어. 제주 바다가 유

위에서부터 동해, 서해, 남해의 모습

독 푸르고 이국적으로 보이는 이유지.

이렇게 우리나라 삼면에 걸친 네 가지 색의 바다는 위치, 지형, 기후, 퇴적량 등 환경이 저마다 달라. 덕분에 우리나라 해양생물의 다양성도 자연스럽게 높아졌지. 살아가는 환경에 따라 생물의 종류가 달라지고, 종류가 많아지면 종 다양성이 높아지니까. 다채로운 색을 가진 우리 바다가 참 고맙고 자랑스럽지?

아낌없이 주는 바다의 가치

바다의 가치를 숫자나 돈으로 나타낼 수 있을까? 당연하지! **생태계 서비스**란 자연이 인간에게 제공하는 다양한 혜택과 편익을 말해. 그리고 그 혜택과 편익을 재화 가치로 나타내지. 먼저 생태계 서비스의 종류부터 알아볼까? 크게 공급 서비스, 조절 서비스, 문화 서비스, 지지 서비스로 네 가지가 있어. 예시와 함께 하나씩 살펴보자.

+ 공급 서비스 +

자연이 만들어 내는 다양한 자원을 뜻해. 쉬운 예로 우리가 살아가는 데 필요한 물과 음식, 목재, 연료, 섬유 등이 있지. 동식물이 제공하는 모든 것이 여기에 들어간다고 보면 돼. 바다의 공급 서비스로는 수산물, 해저 광물, 의약품이나 화장품 등의 원료가 있겠지?

+ 조절 서비스 +

자연의 조절 능력을 통해 얻어지는 혜택이야. 오염된 물을 깨끗하게 정화하거나 탄소를 흡수해서 기후를 조절하는 거지. 산사태, 쓰나미 같은 자연재해를 막아 주는 것도 여기에 들어가. 생태계가 지닌 놀라운 조절 능력으로 우리는 피해를 줄일 수 있어. 바다의 조절 서비스로는 독성을 띤 물질의 정화, 해변의 침식 방지, 갯벌의 탄소 흡수 등이 있어.

+ 문화 서비스 +

자연으로부터 느끼는 비물질적인 혜택이야. 경관이 지닌 아름다움, 여가, 교육, 관광 등 우리가 자연에서 누리는 다양한 가치를 말하지. 바다의 문화 서비스로는 아름

부산 자갈치 시장에 진열된 다양한 수산물

서핑 같은 해양 레포츠를 즐기는 사람들이 많아지고 있다.

답고 쾌적한 해양 경관, 뜨거운 여름철에 시원하게 즐기는 해수욕, 갯벌 체험, 생태 교육 그리고 해양 치유를 통한 건강 증진 등을 들 수 있어.

+ 지지 서비스 +

앞선 세 가지 서비스가 이루어지기 위해 필요한 과정을 모두 포함해. 생물이 유기물을 만들어 내는 광합성, 동식물이 살아가는 데 필요한 여러 가지 물질의 순환 그리고 각종 물자가 공급될 수 있도록 하는 생물 다양성 등이 있지. 바다의 지지 서비스로는 서식처 제공, 바닷물의 심층 순환, 해양생물의 다양성 유지 등을 예로 들 수 있어.

생태계 서비스의 종류는 이제 잘 알겠지? 서비스의 종류에 따라 가치를 돈으로 나타내는 방법도 달라져. 공급 서비스는 계산하기 쉬운 편이야. 판매되는 수산물의 가격을 알면 돈으로 금방 환산할 수 있으니까. 하지만 이것을 맘껏 누리는 만큼 유지하고 늘리는 일도 중요해. 자연과 생태계를 계속 이용하기 위해서 말이야. 예를 들어 어느 욕심 많은 어부가 강의 물고기를 마구 잡아들이면 어떻게 될까? 모든 물고기는 씨가 마르고 말겠지? 반면에 늘 정해진 만큼만 물고기를 잡는다면 어부의 가족과 자손은 대대로 먹을 걱정 없이 행복한 삶을 살아갈 수 있을 거야.

다른 생태계 서비스도 마찬가지야. 욕심부리지 않고 바다를 현명하게 이용하면 되거든. 바다의 자원을 환경 수용력 안에서 적절한 수준으로 유지하는 거지. **환경 수용력**이란 한 서식지의 자원이 유지할 수 있는 개체군의 크기를 말해. 한마디로 환경이 감당할 수 있는 생물의 개체 수가 정해져 있다는 뜻이지. 생태계가 황폐해지지 않는 범위 안에서 자원을 지속 가능한 수준으로 지혜롭게 이용할 때 미래 세대도 그 자원을 쓸 수 있겠지? 환경 수용력을 넘어서면 그 전으로 되돌아가기란 거의 불가능해. 이 사실을 꼭 기억하자!

K-바다를 알려라

세계적으로 바다의 생태계 서비스를 평가하는 연구는 폭발적으로 증가해 왔어. 우리나라는 다른 선진국에 비하면 10여 년 늦게 관련 연구가 시작됐지. 최근에는 우리나라 바다를 대상으로 한 가치평가 연구 결과가 새롭게 나왔다고 해. 전국 갯벌을 대상으로 생태계 서비스의 가치를 계산했다고 하니 궁금하지?

연구에 따르면 우리나라 갯벌의 조절 서비스와 문화 서비스의 경제적 가치는 연간 약 18조 원에 달한대. 이번에 보고된 갯벌의 조절 서비스 가치에는 재해 감소, 탄소 저장뿐 아니라 수질 정화와 관련한 부분도 포함되었다고 해. 과거보다 좀 더 정밀한 평가가 이루어졌지. 전국 단위로 이뤄진 세계 최초의 연구란 점에서 의미가 커.

최근에는 우리나라 갯벌이 유네스코 세계자연유산으로 등재되기도 했어. 나라의 큰 경사였지. 갯벌로만 치면 2009년 유럽의 바덴해 갯벌에 이어 두 번째였거든. 세계 2대 갯벌에 우리나라 갯벌이 들어가게 된 역사적 사건이었어. 앞으로 우리 바다에 대한 연구가 꾸준히 이루어진다면 그 성과는 더욱 커질 거야. K-바다의 가치가 더 많은 세계인의 가슴에 퍼지기를 기대해 보자.

해저 광물, 채굴해도 괜찮을까?

바다에 묻혀 있는 구리, 금, 철 같은 해저 광물의 채굴은 새로운 경제적 기회와 함께 환경 오염을 가져올 수 있다.

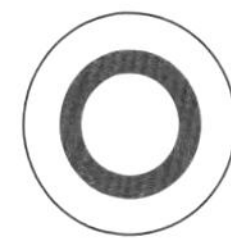

찬성

자원을 안정적으로 확보하기 위해서는 해저 광물이 꼭 필요해.

반대

생태계는 한번 파괴되면 돌이킬 수 없기 때문에 개발에 더욱 신중해야 해.

생각 TIP

육지의 광물이 턱없이 부족해진 이유는?

해저 광물의 채굴은 어떻게 이루어질까?

무분별한 광물 채굴을 막을 방법은 없을까?

바다 생태계는 왜 중요할까?

찬성 근거

1) 육지의 자원이 빠르게 고갈되고 있어. 육지 광물만으로는 이제 전기차, 스마트폰 등의 배터리 제조에 필요한 재료를 충분히 공급할 수 없어.

2) 해저 광물의 채굴은 국가와 기업에 새로운 기회를 불러올 거야. 채굴 기술이 발전하면 새로운 산업과 일자리가 생기고 국가 경제도 성장하겠지.

반대 근거

1) 해저 광물의 채굴은 다양한 생물의 보금자리를 파괴할 거야. 채굴 과정에서 발생하는 소음과 진동, 독성 물질은 인간에게도 어떤 피해를 줄지 몰라.

2) 광물이 묻힌 깊은 바닷속에는 아직 발견하지 못한 생물종이 많아. 함부로 헤집었다가는 바다 전체의 먹이사슬에 심각한 문제를 초래할 수도 있어.

2장 바닷속 만남의 광장, 동해로!

뭐가
만나는데?
바닷물이
만나지!

용왕님,
감사합니다!
용왕님이 아니라
해류 덕분인데?
난류와 한류가 만나서
다양한 물고기가
살 수 있거든.
그래서 동해를
황금 어장이라
하는구나.

동해는 어떤 바다일까?

우리는 우리나라 동쪽에 있는 바다를 '동해'라 불러. 국제 사회에는 '일본해Sea of Japan'로 더 많이 알려졌지만 말이야. 현재 과학계에서는 동해와 일본해를 함께 쓰고 있어. 국제수로기구는 2020년에 국가 사이에 갈등이 있는 명칭을 배제하기 위해 고유번호로 표기할 것을 제안했지. 그런데 최근 미국에서 동해를 일본해로 공식 표기하겠다고 나서서 골치야.

도대체 어쩌다 동해를 일본해라 표기하게 된 걸까? 그 이유는 동해의 형성 과정과 관련이 있어. 앞에서 배운 대륙이동설 기억하지? 우리나라와 일본도 과거에는 하나의 대륙이었다가 약 2,800만 년 전부터 일본 열도가 대륙에서 떨어져 나가기 시작했대. 바로 이때 바다가 열리면서 크고 깊은 동해가 만들어진 거야. 그리고 약 460만 년 전부터는 독도가, 250만 년 전부터는 울릉도가 화산 폭발 때 뿜어져 나온 용암이 굳어 만들어졌어. 간단히 설명하긴 했지만 동해의 형성 과정은 너무 복잡해서 과학계에서도 아직 완벽하게 설명하지 못하고 있어. 우리나라를 포함한 전 세계 과학자가 계속 연구하고 있지.

한 가지 분명한 건 동해는 아주 오래전에 만들어진 매우 넓고 깊은 바다라는 사실이야. 동해 면적은 약 100만 km^2거든. 우리나라 서해보다 2.5배, 남해보다 130배 더 크지. 한반도 5개가 있어야 동해를 덮을 수 있다니 상상해 봐. 엄청나지? 동해의 평균 수심은 약 1,684m인데 가장 깊은 곳은 거의 4,000m나 된다고 해.

동해를 좀 더 쉽게 이해하려면 서해와 비교해 보면 돼. 서해는 해안선이 복잡하고, 밀물과 썰물 때 바닷물의 높이 차이가 커. 그리고 수심이 얕고 경사가 완만해. 서해로 흘러드는 큰 강을 따라 흙이 쓸려 오면서 퇴적물도 차곡차곡 쌓이지. 그래서 서해안에 광활한 갯벌이 발달하게 된 거야. 바닷가 가까이에 평지처럼 완만하게 기울어진 대륙붕도 넓게 나타나지.

반면에 동해는 해안선이 단조롭고, 밀물과 썰물 때 바닷물의 높이 차이도 작아. 수심은 깊고 경사는 매우 급하지. 그리고 동쪽으로 흘러드는 큰 강이 거의 없다 보니 퇴적물도 적어. 이러한 조건에서는 갯벌이 발달하기 어려워. 그래서 동해에 모래 해변이나 암반 해변이 많은 거야. 당연히 대륙붕도 매우 좁게 나타나지. 이제 동해와 서해가 어떻게 다른지 확실히 알겠지?

동해가 황금 어장이 된 까닭

흔히 동해를 '황금 어장'이라고 부르잖아. 그 이유가 뭘까? 먼저 바닷물의 흐름을 살펴봐야 해. 바닷물의 흐름은 크게 조석과 해류로 구분할 수 있어. **조석**은 아침과 저녁에 물이 들어왔다가 나가는 현상을 말해. 조석이 생기는 이유는 달과 태양이 지구를 끌어당기기 때문이야. 지구가 자전하기 때문에 지구와 달 그리고 태양의 위치는 매일 바뀌어. 달과 태양이 지구를 끌어당기는 힘이 세지면 바다가 끌려가면서 해수면이 높아지고, 반대면 낮아지지. 육지에 사는 우리가 볼 때 해수면이 높아지면 물이 들어오는 '밀물', 해수면이 낮아지면 물이 빠져나가는 '썰물'이 되는 거야.

그런데 조석과는 다른 이유로 바닷물이 덩어리째 움직일 때도 있어. 대표적인 예가 바로 바람이야. 세숫대야에 물을 붓고 선풍기를 틀면 바람을 따라 표면의 물이 한 쪽으로 쏠리지? 바다에서도 이렇게 일정한 방향으로 움직이는 물의 흐름이 있는데, 이를 **해류**라고 해. 물론 지구 규모로 일어나는 큰 해류는 바람 말고도 '전향력'이라는 힘의 영향을 받아. 코리올리 힘이라고도 부르는 이 힘은 회전체(지구)의 표면 위에서 운동하는 물체(바닷물)의 수직 방향으로 작용하는 가상의 힘을 말해. 이렇게 바람과 전향력의 영향을 받아 움직이는 해류가 바로 '표층 해류'야.

반면에 '심층 해류'는 바람이나 전향력보다는 수온과 염분에 따라 움직이는 해류야. 예를 들어 바닷물이 차갑고 염분이 높으면 밀도가 커져서 가라앉게 돼. 그 자리를 또 다른 성질의 물이 채우면서 해류가 섞이는 현상이 일어나지. 이러한 과정에서 열이 이동하고 염분이 묽어져. 심층 해류는 지구 전체의 열을 균형 있게 나눠 주는 역할을 해.

이처럼 다양한 이유로 전 세계 바다에는 해류가 흐르게 돼. 표층 해류는 다시 따뜻한 난류와 차가운 한류로 나뉘어. 동해를 흐르는 해류의 가장 큰 특징이 바로 이 난류와 한류가 만난다는 거야. 대표적으로 적도에서 발생하는 난류인 구로시오 해류가 있어. 필리핀과 타이완을 거쳐 우리나라를 지나가지.

구로시오 해류가 우리나라 남해에 가까워지면 '대마 난류'라고 불러. 대마 난류는 우리나라 동해안을 따라 북상하는 '동한 난류'와 일본 열도를 따라 북상하는 '대마 난류의 지류'로 다시 나뉘어. 구로시오 해류로부터 갈라져 황해로 흘러 들어가는 '황해 난류'도 있지. 조금 복잡하지? 지역과 국가에 따라 난류의 명칭이 바뀐다고 이해하면 돼. 동한 난류는 울릉도와 독도 쪽에서 러시아를 지나 내려오는 '북한 한류'와 만나게 돼. 이렇게 난류와 한류가 만나는 해역을 **조경 수역**이라고 해.

조경 수역의 특징은 생물이 사는 데 꼭 필요한 영양염류가 풍부하다는 거야. 한류는 밀도가 높기 때문에 난류와 만날 때 아래로 내려가. 이때 밑에 있던 바닷물이 위로 솟구치는 용승 현상이 일어나. 그럼 그 안에 있던 산소, 영양염류, 어린 물고기도 같이 섞이는 거야. 물고기에게는 먹이도 많고 숨 쉬기도 편한 낙원 같은 곳이 되지. 이렇게 다양한 물고기가 잡히는 황금 어장이 만들어져.

동해의 조경 수역은 계절에 따라 위치가 달라지는

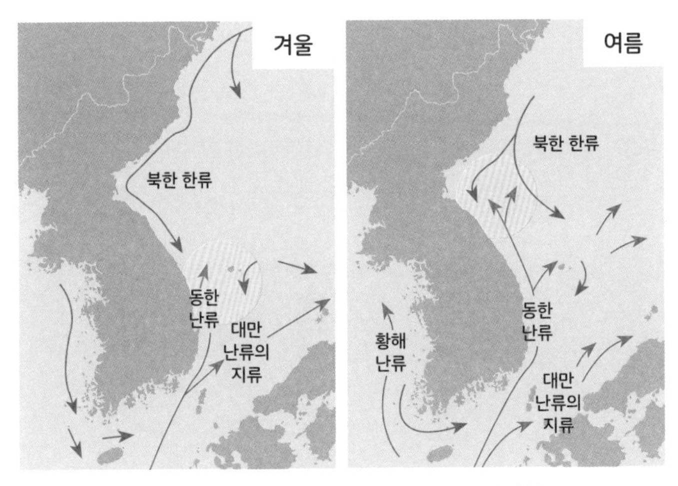

계절에 따른 조경 수역(노란색 동그라미)의 위치 변화

특징이 있어. 한류의 힘이 세지는 겨울철에는 남쪽으로 내려가고, 난류의 힘이 세지는 여름철에는 북쪽으로 올라가지. 그래서 같은 곳인데도 계절에 따라 잡히는 물고기가 달라.

그런데 지구온난화의 영향으로 동해 생태계에도 심각한 변화가 일어나고 있어. 동해에서 많이 잡히던 명태, 청어 같은 한류성 어종이 모습을 감추고 오징어, 대게 같은 난류성 어종이 급격하게 늘어났거든. 해양 쓰레기로 오염이 심각하다는 목소리도 커지고 있지. 이대로 지구온난화의 속도가 빨라지고 동해가 열대 기후처럼 변하면 한류성 어종은 다시는 동해로 돌아오지 않을 거야. 서식지를 옮겨서 개체군을 유지할 수 있다면 지구촌 관점에서 큰 문제는 아니겠지. 하지만 국가 관점에서 볼 때 해양 생물의 감소는 경제에 큰 영향을 미쳐. 동해의 황금 어장을 잘 지켜 나가는 것이 중요한 이유야.

바다가 사막처럼 변하고 있다고?

현재 동해에 닥친 가장 심각한 문제는 바로 바다 사막화야. **바다 사막화**는 말 그대로 바다가 사막처럼 황폐해지는 현상이야. 우리말로 '갯녹음'이라고 하는데, 한자로 흰 백白에 될 화化를 써서 '백화 현상'이라고도 해. 바닷속이 하얗게 변하는 모습을 가리키지. 무엇이 왜 하얗게 변하는지 한번 알아볼까?

바다 사막화가 발생하는 이유는 좀 복잡해. 그중에서도 가장 중요한 원인은 수온 상승으로 알려져 있어. 보통 바닷속 차가운 바위들 위에 미역, 다시마 등 물고기가 먹는 대형 갈조류가 울창한 바다숲을 이루거든. 그런데 지구온난화로 수온이 높아지면 대형 갈조류가 살 수 없어. 몸 전체가 녹아내리면서 모두 죽어 버리고 바다숲이 사라지게 되지. 이때 수온이 높아도 잘 자라는 무절산호조류가 차츰 바위들을 뒤덮기 시작해. 무절산호조류는 살아 있을 때는 분홍색을 띠지만 죽고 나면 흰색으로 변해. 결국 바닷속에 하얀 무덤들이 계속 생겨나게 돼.

무절산호조류뿐만이 아니야. 바닷속에서는 다양한 종류의 산호가 무리를 이루면서 살아가. 그런데 산호 품속에는 특이한 비밀이 하나 있어. 황록공생조류라 부르는 독특한 생물을 촉수 안에 품고 살아간다는 거야. 황록공생조류는 산호와 도움을 주고받는 관계에 있어. 산호는 황록공생조류가 광합성을 통해 만든 유기물로 에너지의 80%를 공급받아. 황록공생조류는 산호를 보금자리 삼아 천적의 공격으로부터 자신을 보호하지. 그런데 수온이 올라가면 산호의 촉수 안에 있던 황록공생조류가 산호 몸 밖으로 빠져나가. 혼자 남은 산호가 잘 살 리 없겠지? 다양한 색깔을 띠는 산호도 죽으면 몸이 딱딱해지면서 하얀 껍데기만 남게 돼. 결국 물고기가 먹을 것은 줄

바다 사막화가 일어난 산호 군락

어들고 바닷속은 하얘지는 현상이 되풀이되는 거야.

성게와 같은 '해적생물'은 바다 사막화가 일어나도 끝까지 살아남아 모든 해조류를 먹어 치운다고 해. 성게는 바위에 붙어 있는 해조류뿐 아니라 해조류 포자까지 먹어. 해조류를 그야말로 끝장내는 셈이지. 조그만 성게 하나가 하루에 먹는 해조류의 양은 얼마 되지 않을 거야. 하지만 수많은 성게가 나타나 그 일대를 싹쓸이한다면 어떻게 될까? 순식간에 해조류 군락이 사라지고 말겠지.

해조류나 공생조류는 광합성을 통해 유기물을 만들어 내는 바다의 1차 생산자이자 다른 생물의 먹이야. 생태계에서 아주 중요한 역할을 맡고 있지. 이들이 사라지면 해양 생태계는 무너지고 말 거야. 해양생물 다양성이 떨어지면 다른 생태계 서비스를 책임지는 지지 서비스 역시 위협받을 수밖에 없어. 해양자원의 감소가 인간의 경제 활동에 어떤 영향을 줄지는 뻔하지.

바다 사막화를 멈출 방법은 없을까? 안타깝게도 아직까지 뾰족한 대책은 없어. 문제의 원인이 다양할뿐더러 가장 중요한 원인으로 알려진 수온 상승을 해결할 방법이 없거든. 물론 노력을 하지 않는 건 아니야. 우리나라의 경우, 해조류를 심어서 복원하는 사업을 수십 년째 진행하고 있어. 2012년에는 세계 최초로 5월 10일을 '바다식목일'로 정하면서까지 바다숲 조성에 관심을 기울이고 있지.

요즘은 잠수부가 성게를 직접 수거하거나 돌돔과 같은 성게의 천적을 이용해서 성게를 없애려고 해. 하지만 이것도 잠깐일 뿐 바다 사막화를 해결하는 데는 한계가 있어. 좀 더 근본적인 해결책은 바다 오염을 줄이고, 지구온난화에 대비하면서 바다 생태계를 살리기 위해 꾸준히 노력하는 거야. 그렇다고 거창하게 생각할 필요 없어. 지금이라도 에너지를 아끼고 쓰레기를 줄이는 것부터 시작하면 돼. 모든 변화는 사소한 일에서부터 만들어지는 법이니까.

동태, 북어, 코다리는 다 같은 말?

이제 재미난 생물 이야기를 해볼까? 한때 동해를 대표했던 명태는 '국민 생선'이라는 별명을 가지고 있었어. 명태의 학명은 가두스 칼코그람무스*Gadus chalcogrammus*야. 벌써 어렵다고? 하나씩 천천히 설명해 볼게. 먼저 학명은 모든 나라에서 같이 사용하는 생물의 이름이야. 세상에 딱 1개지. 학명만 보면 이 생물이 어떤 특징을 가지고 있는지 대충 알 수 있어. 생물의 생김새나 유전자 등 여러 특징을 기준으로 생물 분류 단계에 따라 학명을 붙이거든. 계·문·강·목·과·속·종이 바로 생물을 분류하는 7단계야. 종이 가장 작은 단계, 계가 가장 큰 단계지. 예를 들어 명태는 동물계, 척삭동물문, 조기강, 대구목, 대구과, 대구속, 명태에 속해. 명태가 바로 종을 가리키는 이름인 거야!

전해 오는 이야기에 따르면 명태는 '명천에 사는 태씨 어부'가 처음 잡았다고 해서 붙은 이름이래. 북쪽 바다에서 잡히는 물고기라는 뜻에서 '북어'라고도 불렸다고 하지. 이것 말고도 건조 방식이나 상태에 따라 명태를 가리키는 별칭이 정말 많아. '생태'는 살아 있는 명태를, '북어'는 내장을 꺼내어 말린 명태를 뜻해. '코다리'는 반쯤 말린 명태, '동태'는 얼린 명태, '황태'는 자연에서 얼리고 말리기를 반복한 명태를 말하지. 아직 끝난 게 아니야! 어린 명태는 '노가리'라 하고, 봄이나 가을에 잡은 명태는 각각 '춘태', '추태'라고 하거든. 지역에 따라 부르는 방언도 많아. 명태에 이렇게 이름이 많은 이유는 그만큼 사람들이 여러 지역에서 잡고 즐겨 먹었기 때문일 거야. 그때그때 부르기 편한 이름이 계속 생겨난 거지.

인간은 원시 시대부터 생물에게 이름을 붙여 구분해 왔어. 그런데 교역이 발달하고, 사람들이 거처를 옮기고, 새로운 땅을 개척하면서 같은 생물을 저마다 다르게 부

이름	상태
생태	갓 잡아 살아 있는 명태
동태	얼린 명태
황태	얼렸다 녹였다 반복하며 노랗게 말린 명태
코다리	명태를 반만 말린 것
북어	내장을 꺼내어 바닷바람으로 바짝 말린 것
노가리	명태의 새끼 또는 이것을 바짝 말린 것

명태의 다양한 이름

르는 상황을 맞닥뜨린 거야. 생물의 이름을 통일해서 부를 필요가 생긴 거지. 물론 처음부터 체계적으로 구분할 수 있었던 건 아니야. 명태처럼 한 생물의 이름이 많은 경우만 있었던 게 아니거든. 반대 경우도 있었어.

예를 들면 사자, 호랑이, 표범, 치타를 모두 고양이라고 부르는 식이야. 그래서 '고양이' 앞에 설명을 덧붙였지. 사자는 '꼬리 끝에 뭉치가 있는 고양이', 호랑이는 '길고 검은 무늬를 가진 황색 고양이', 표범이나 치타는 '점박이 무늬를 가진 고양이'라고 말이야. 나중에 사자, 호랑이, 표범은 고양잇과 표범속에 속하게 되고, 치타는 고양잇과 치타속으로 구분해서 부르게 돼.

생물 이름에 대한 논쟁은 18세기 스웨덴의 식물학자인 칼 폰 린네의 이명법으로 정리됐어. 이명법이란 생물의 학명에 '속명'과 '종명'을 나란히 쓰는 방법이야. 명태의 학명에서 앞의 가두스*Gadus*는 속명이고, 칼코그람무스*chalcogrammus*는 종명인 셈이지. 인간의 학명은 호모 사피엔스*Homo sapiens*니까 호모속 사피엔스종인 거고.

지금까지 약 216만 종에 이르는 생물의 이름이 지어졌다고 해. 학자에 따라 다르지만 지구 생물종은 최대 1,100만 종 정도로 예측되거든. 지구 생물의 약 20%만이 이름을 가지고 있는 셈이지. 지금은 이명법을 바탕으로 국제식물명명규약과 국제동물명명규약을 만들어 살아 있거나 멸종한 생물의 이름을 만들어 주거나 고치고 있어. 그 종수는 해마다 꾸준히 늘어나고 있지.

우리나라 과학자들도 새로운 종의 이름을 꽤 지었어. 환경부 국가생물종목록에 올라간 5만 8,000여 종 가운데 우리나라 학자가 지은 학명이 2022년 기준으로 약 7,000종에 달하거든.

갑자기 새로운 해양생물을 찾아 바다를 누비고 싶어

지지 않아? 우주처럼 컴컴한 심해는 인류에게 거의 미지의 세계나 마찬가지야. 해양생물학자가 되고 싶다면 언제든 환영이야!

노래 가사에 담긴 독도의 변화

동해 하면 빠질 수 없는 곳이 있지? 맞아, 우리 땅 독도! 독도는 우리의 자랑거리이자 역사에서도 늘 특별한 관심의 대상이었지. 〈독도는 우리 땅〉이라는 노래 알지? 무려 40여 년 전에 처음 나온 이 노래를 대한민국 사람이라면 누구나 당연히 외우고 따라 부르잖아. 마치 애국가처럼 말이야.

흥미로운 점은 이 노래 중간에 나오는 가사야. "오징어 꼴뚜기 대구 명태 거북이 연어알 물새알"이라는 부분이지. 실제 독도 주변에 사는 해양생물들이거든. 짧은 노래 가사 속에 오징어 같은 무척추동물부터 어류, 포유류, 조류 등 척추동물까지 두루 담아냈다는 게 대단하지 않아? 〈독도는 우리 땅〉은 2012년에 가사가 바뀌었다고 해.

아름다운 우리 땅, 독도

시간이 지나면서 바뀐 독도의 환경을 가사에 반영한 거지. 노래 가사에 숨은 비밀을 하나씩 알아볼까?

첫 번째 비밀은 2절에 나오는 "평균기온 12도 강수량은 1300"이야. 이 부분이 "평균기온 13도 강수량은 1800"으로 바뀌었어. 지구온난화의 영향으로 높아진 평균기온과 강수량을 반영했지.

두 번째 비밀은 앞에서 살펴본 3절 첫 부분이야. "오징어 꼴뚜기 대구 명태 거북이"가 "오징어 꼴뚜기 대구 홍합 따개비"로 바뀌었거든. 지구온난화에 따라 달라진 독도의 생물 분포를 담아냈지. 과거 독도에서 많이 잡히던 한류성 어류인 명태와 함께 바다가 오염되며 개체군이 빠르게 줄어든 거북이가 노래에서 사라진 거야. 그 대신 독도의 터줏대감이자 우리나라 고유종인 홍합과 큰 바위에 붙어 사는 따개비가 들어갔지.

노래 가사만 봐도 세월의 무게가 실감 나지? 과학적으로 지난 40여 년간 독도의 변화를 노래 가사에 정확히 표현했다는 점이 놀라워. 한편으로는 아쉬움도 잇따라. 국민 생선이었던 명태를 이제는 수입해서 먹어야 하는 지금의 현실이 마냥 달갑지는 않으니까.

독도와 울릉도 바다의 터줏대감들

오랜 시간 독도와 울릉도 바다를 지켜 온 생물이 있는데 뭘까? 바로 홍합이야! 새로 바뀐 〈독도는 우리 땅〉 가사에도 당당히 그 이름을 올렸잖아. 그런데 우리 식탁에 흔히 오르는 홍합은 사실 홍합이 아니라 '지중해담치'라고 해. 원래는 지중해에 살다가 우리나라 바다로 넘어온 외래종이지. 짐을 싣고 내리는 과정에서 선박의 균형을 잡기 위해 탱크에 바닷물을 채워 넣는데 이때 섞여서 들어온 걸로 보여. 오래전에 넘어왔다 보니 홍합으로 잘못 부르게 된 거지.

독도와 울릉도에서 잡히는 홍합이 바로 '참담치'라고 부르는 우리나라 고유종이야. 참담치는 크기도 손바닥만 할 정도로 커서 작은 지중해담치와 금방 구분할 수 있어. 보통 5m 안팎의 바위에 빽빽이 모여 사는데 거센 파도에도 끄떡없지. 바위에 붙은 홍합이 떨어지지 않는 이유는 홍합이 만들어 내는 접착 단백질 덕분이야. 최근에는 이 접착 단백질의 핵심인 '도파DOPA'라는 성분을 이용한 접착제도 나오고 있어.

지중해담치 속살은 노란빛을 띠는 반면, 홍합 속살은 주황빛에 가까워서 보기에도 정말 먹음직스러워. 바다의 보약이라 부를 정도로 영양도 풍부해서 옛날 어머니들은 아기를 낳은 후, 말린 홍합을 미역국에 넣어 먹으며 몸을 보살폈다고 해.

독도의 또 다른 터줏대감으로 둥근성게가 있어. 울릉도와 독도 바다에 사는 성게류는 대략 5종이야. 둥근성게, 말똥성게, 분홍성게, 보라성게, 큰염통성게지. 그중 둥근성게가 95% 이상을 차지해. 밤송이 같은 검은색 몸통 안에는 표면을 따라 노란 성게 생식소가 있는데 녹진

한 맛과 깊은 바다 향이 일품이야. 우리가 흔히 성게알이라 알고 있는 것은 진짜 알이 아니라 바로 이 성게 생식소야. 맛있다고 해도 성게는 바다 사막화를 일으키기 때문에 무작정 많아지는 것은 조심해야 해.

독도, 울릉도의 갯바위에는 고둥류도 많아. 대표적으로 좁쌀무늬총알고둥, 고랑딱개비, 흰삿갓조개 등이 있지. 그래서인지 울릉도 바닷가 곳곳에는 따개비칼국수를 파는 집이 많아. 갑자기 웬 따개비냐고? 여기서 말하는 따개비는 진짜 따개비가 아니라 배말이라고 부르는 삿갓조개야. 울릉도에서는 배말을 따개비라 불렀거든. 배말은 살이 쫄깃하고 끓였을 때 국물 맛이 정말 시원해. 대부분 자연산이 아니라 양식인 전복과 맛과 모양은 비슷한데 영양가는 더 풍부하지.

갑각류로는 두껍고 단단한 껍질을 가진 부채게가 많아. 5~7월 사이에 독도 바닷가에 가보면 알을 품은 암컷을 잔뜩 볼 수 있지. 또 하나 빠질 수 없는 갑각류는 거북손이야. 이름 그대로 거북이 손 모양을 닮았어. 거북손은 밀물과 썰물 때 물이 지나가는 바위에 붙어 살아. 바닷물이 들어오면 거북손의 겉껍질이 열리고 그 속에서 손 모

둥근성게(위)와 거북손(아래)

지금은 멸종한 강치의 모습

양의 채찍이 나와 물속 먹잇감을 순식간에 먹어 치워.

끝으로 지금은 독도에 살지 않지만 특별한 사연을 가진 주인공이 있어. 바로 우리나라에서 '강치'로 불리던 바다사자야. 바다사자는 물갯과 중에서도 바다사자속에 속한 해양 포유류야. 몸집이 크고 갈색 털을 가졌지. 지느러미 모양의 발로 땅을 기어 다니는데 뒷지느러미발을 폈다가 굽힐 수도 있어. 바다사자 종류에는 캘리포니아 바다사자, 갈라파고스 바다사자, 강치 3종이 있어. 과거 기록을 보면 강치는 우리나라 동해안과 일본 바닷가에 넓게 퍼져 살았다고 해. 특히 울릉도와 독도 가까이에 많이 살아서 '독도 강치'란 별명을 가지고 있었지. 그런데 1905년 이후 일본인들이 가죽과 기름을 얻기 위해 강치를 마구 잡아들이면서 모습을 감추어 버렸어. 1951년에는 독도에서 50~60마리쯤 되는 강치가 확인되기도 했지만 1972년을 끝으로 강치가 더 발견된 적은 없어.

푸른 바다를 멋지게 헤엄치는 강치의 모습을 다시 볼 수 없다니 안타까운 일이지. 다행히 2000년대 들어서 강치를 복원하기 위한 연구가 진행되고 있대. 언젠가 강치가 부활해 독도 바다를 누빌 날을 기대해 봐도 좋을 거야. 그때까지 다시는 이런 일이 일어나지 않도록 우리 바다를 잘 지켜야겠지?

그 유명한 독도새우의 정체

혹시 '독도새우'라고 알아? 찰지고 탱글탱글하면서 쫀득한 식감으로 이름난 새우 중의 새우거든. 크기도 정말 커

서 하나만 먹어도 배부를 정도라고 해. 독도새우라고 해서 독도에만 사는 것은 아니야. 울릉도, 속초, 강릉 등 동해안 바닷가는 물론이고 오호츠크해, 시베리아, 일본 홋카이도 등에도 살거든. 보통 도화새우, 물렁가시붉은새우, 가시배새우 3종을 통틀어서 독도새우라고 해. 울릉도에서는 도화새우를 참새우, 물렁가시붉은새우를 꽃새우, 가시배새우를 닭새우라고 불러.

참, 새우는 전 세계적으로 약 3,000종 된다고 알려져 있어. 우리나라에는 90종 정도가 살고 있다고 해. 우리가 즐겨 먹는 토종 새우인 대하, 보리새우도 여기에 들어가지. 두 종은 대체로 수심이 100m 이하인 곳에서 살아. 수명도 짧아서 대하는 1년, 보리새우는 2~3년 정도만 산다고 해. 반면에 독도새우가 서식하는 수심은 300~600m로 훨씬 깊어. 수명도 7~8년으로 꽤 오래 살지. 깊고 추운 바다에서 살아가기 위해 몸 안에 지방을 많이 쌓아 단맛이 강하고 식감이 좋은 거래.

독도새우와 관련한 이야기 하나 소개할까? 지난 2017년에 트럼프 전 미국 대통령이 한국을 방문했을 때 일이야. 청와대에서 저녁 만찬으로 독도새우 잡채를 올

도화새우(맨 앞~두 번째), **물렁가시붉은새우**(세 번째~네 번째),
가시배새우(다섯 번째~맨 뒤)

려서 독도새우가 각종 포털 사이트에서 실시간 급상승 검색어에 올랐어. 당시 일본 정부는 이에 말도 안 되는 항의를 이어 갔어. 일본은 독도를 자국 땅으로 여기니 말이야. 우리 외교부는 문제 제기가 적절치 않다는 공식 입장으로 반박했지.

실제로 세계 정상들은 이른바 '식탁 외교'를 통해 자국의 입장을 돌려서 부드럽게 전달해. 친구나 부모님께 직접 말하기 어려운 일이 있다면 이런 식탁 외교 전략을 한번 써보는 것도 좋은 방법일 거야.

지금의 '독도'가 되기까지

독도라는 이름은 어떻게 만들어졌을까? 이 이야기의 시작은 과거 독도 바다를 누비던 거대한 고래와 관련이 있어. 바로 북방긴수염고래야. 전체 길이는 거의 20m에 무게는 100톤에 달하는 북방긴수염고래의 수명은 50~70년이나 돼. 하지만 지금은 멸종위기종으로 관리되고 있어. 과거 무리한 고래잡이로 씨가 말라 버렸거든.

북방긴수염고래는 북반구 대서양과 태평양에 주로 살아. 그런데 17세기 유럽에서 이 고래를 너무 많이 잡는 바람에 북대서양에 살던 개체 수가 급격하게 줄어들었대. 그래서 서양의 고래잡이배들은 새로운 어장을 찾아 북태평양으로 뱃머리를 돌렸다고 해. 기록에 따르면 1848년부터 우리나라 동해까지 와서 고래잡이를 했다니 놀랍지? 바로 여기서 독도의 지명에 관한 이야기가 나와.

프랑스의 고래잡이배였던 리앙쿠르호는 1849년 동해에서 우연히 해도에 없는 작은 섬을 발견했어. 그들은 이 섬을 고래잡이배의 이름을 따서 '리앙쿠르'라고 불렀대. 이 섬이 바로 지금의 독도야. 프랑스 해군성은 1851년

물길을 기록하는 수로지에 독도를 '리앙쿠르 암초'라고 공식 표기했어. 이를 계기로 서양에 독도가 알려졌지.

우리나라 섬을 외국에서 자기네 마음대로 이름 붙이다니 이상하지? 물론 독도가 세계에 널리 알려진 것이 나쁘다는 뜻은 아니야. 하지만 영토 분쟁으로 시끄러운 오늘날, 우리 고유의 지명을 지키는 일은 무척 중요해.

1,500여 년 전, 신라 지증왕 때 이사부가 우산국을 정벌하면서 우산국은 울릉도가 됐어. 그리고 '우산于山'은 지금의 독도를 가리키는 말로 굳어졌지. 이후에는 독도를 삼봉도, 가지도, 석도라고 부르다가 석도를 우리말로 바꾼 돌섬, 독섬을 거쳐 마침내 1906년이 되어서 독도라 표기하기 시작했지.

동쪽 끝에 자리한 우리의 아름답고 소중한 독도를 전 세계에 정확히 알리기 위해 어떻게 해야 할까? 몇 해 전부터 우리나라는 울릉도와 독도를 유네스코 세계자연유산으로 등재하려 노력하고 있어. 울릉도뿐 아니라 독도를 함께 묶어서 세계자연유산으로 올리려는 이유는 간단해. 등재에 성공하면 독도가 대한민국의 땅임을 누구든 인정할 수밖에 없을 테니까.

다행히 독도의 해양생태계에 대한 연구가 활발하게 이루어지고 있어. 최근에는 독도와 울릉도의 해양저서무척추동물이 일본 바다에 서식하는 종보다 동해안에 서식하는 종과 훨씬 유사하다는 사실이 밝혀졌지. 이러한 과학적 발견은 곧 생물 주권을 주장하는 근거가 될 수 있어. **생물 주권**이란 자국 영토 안에 있는 생물 자원에 대한 권리를 말해. 국가의 영토는 육지뿐 아니라 바다도 포함해. 독도에서 나고 자란 동식물에 대한 권리를 가짐으로써 우리는 독도가 우리 영토임을 주장할 수 있어. 우리 바다에 사는 해양생물을 발견하고 기록으로 계속해서 남기는 작업이 중요한 이유야.

최근 독도의 생물 다양성을 담은 한 논문에서 주목할 만한 성과가 있었어. 논문의 제목에 '독도Dokdo'와 '동해East Sea', '한국Korea'을 모두 표시했거든. 사실 국외 저널은 심사 과정에서 국가 사이에 다툼이 있거나 있을 것이라 예상되는 논문을 되도록 배제하는 편이야. 그래서 독도와 일본해를 함께 적는 것이 관례지. 그런 점에서 이번 성과는 의미 있는 과학 외교를 보여 주었다고 할 만해. 앞으로 다른 논문에도 좋은 선례가 되겠지. 공식 명칭이 정

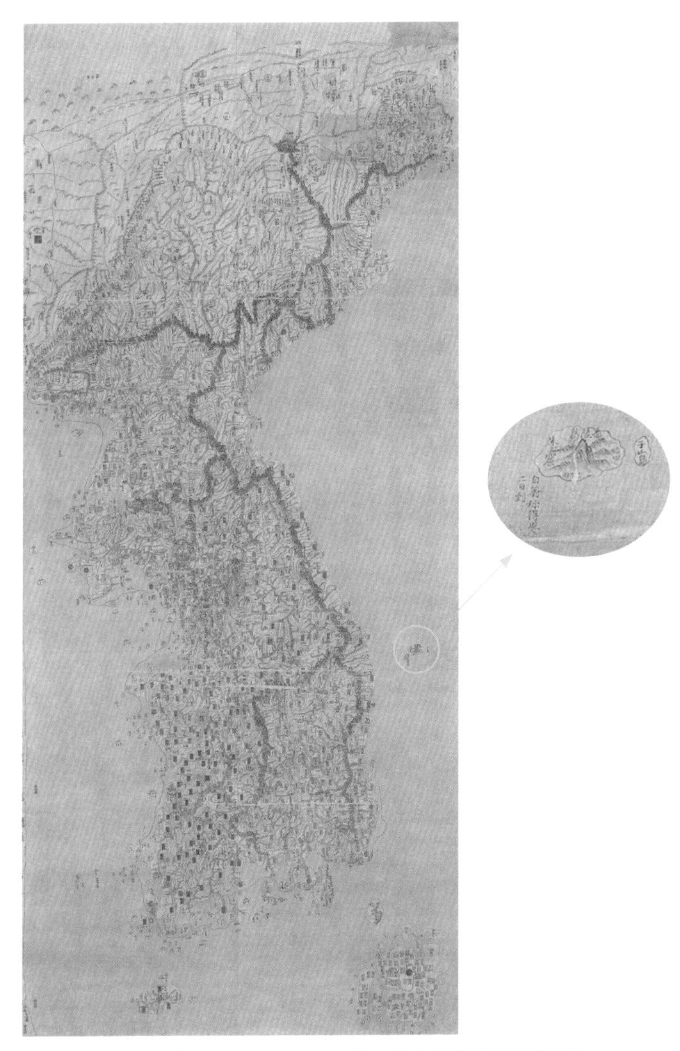

울릉도와 독도(하늘색 동그라미)가 그려진 18세기 동국대지도

해지기 전까지 끝까지 지켜봐야겠지만 말이야. 앞으로도 독도를 세계에 알리는 소식이 더 많이 들리길 함께 응원하자.

수족관은 물에 사는 생물들을 모아 기르며 가까이에서 살아가는 모습을 관찰하고 연구하기 위해 만들어졌다.

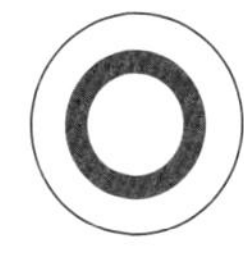

찬성

수족관의 생물들을 쇼나 체험의 대상으로 이용하기보다는 고향인 자연으로 돌려보내야 해.

반대

수족관은 물에 사는 생물종을 보호하고 관람객에게 교육의 기회를 제공하는 공간이야.

생각 TIP

생명윤리란 무엇일까?

물고기란 말은 종 차별일까?

돌고래나 문어의 지능은 얼마나 될까?

동물권은 무슨 뜻일까?

찬성 근거

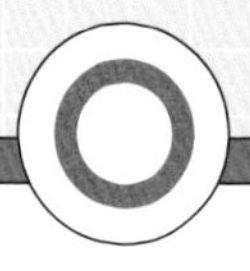

1) 해양생물에도 돌고래나 문어처럼 지능이 높은 종이 많아. 드넓은 바다를 자유롭게 누비는 대신, 평생 좁은 수족관 안에 갇혀 살아야 한다면 엄청난 스트레스를 받겠지.

2) 수족관에서는 생물종마다 적절한 환경을 갖춰야 하지만 제대로 된 관리조차 이뤄지지 않는 곳이 많아. 생명을 가둬 두고 구경거리로 만드는 감금 시설이나 다름없어.

반대 근거

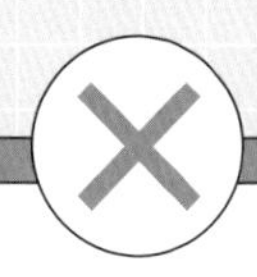

1) 수족관은 멸종위기에 처했거나 살 곳을 잃은 생물종의 번식과 적응을 도와줘. 기후변화로 생태계가 급변하는 오늘날, 수족관은 생물 다양성을 지키는 역할을 해.

2) 수족관은 다양한 생물종과 교감하며 생명의 소중함을 배우는 곳이야. 수족관이 없다면 우리는 해양생물을 그만큼 멀게 느끼게 될 거야.

3장
신비로운
갯벌 천국,
서해로!

갯벌이
그렇게 많아?

갯벌이
생기기 좋은
환경이거든!

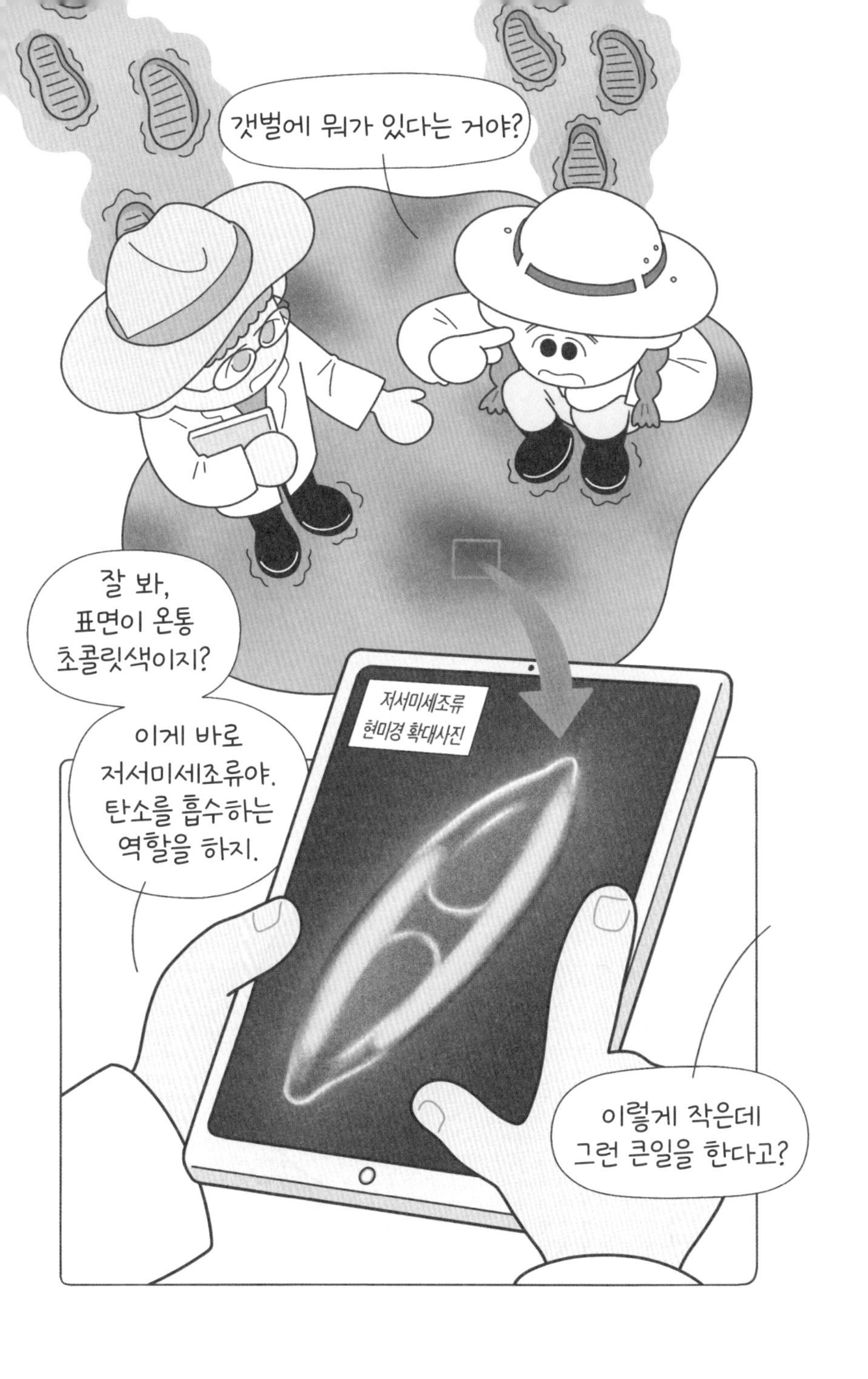
갯벌에 뭐가 있다는 거야?
잘 봐, 표면이 온통 초콜릿색이지?
이게 바로 저서미세조류야. 탄소를 흡수하는 역할을 하지.
저서미세조류 현미경 확대사진
이렇게 작은데 그런 큰일을 한다고?

서해일까? 황해일까?

우리나라 서쪽에 있는 바다를 '서해'라고 하잖아. 정확히 말하면 서해는 한반도와 중국 사이에 있는 황해 중 우리나라 서쪽 바다만을 의미해. 국제기구에서 인정하고 있는 명칭은 아니지. '황해'는 중국의 황허강이 흘러 들어간다 해서 붙인 이름이야. 황허강을 비롯한 수십 개의 크고 작은 강이 흘러들다 보니 물이 탁하지. 황해는 전 세계에서 널리 쓰는 공식 명칭이기도 해. 동해와 일본해 같은 국가 간 갈등은 없지만, 우리는 아무래도 서해가 더 익숙해서 좋지?

황해는 거의 대부분이 완만한 해저 지형인 대륙붕을 이뤄. 평균 수심은 약 45m, 최대 수심도 약 150m에 불과하거든. 남쪽을 제외하면 바다가 육지에 갇혀 있는 모양새인 매우 얕은 바다지. 실제로 빙하기 때는 지금보다 해수면이 매우 낮아서 대부분 육지로 이어져 있었다고 해. 빙기와 해빙기가 반복되면서 황해는 육지에서 바다가 되었다가 다시 육지가 되었어. 약 1만 년 전, 마지막 빙하기가 끝나고 지금의 간빙기가 시작되면서 해수면이 120m

이상 높아졌고, 오늘날 모습을 갖추게 된 거야. 과거 기록이 남아 있는 남극의 빙하를 분석한 결과, 지난 45만 년 동안 지구 기후는 10만 년마다 빙하기와 간빙기를 반복했다고 해. 지금은 간빙기가 된 지 1만 년쯤 되었으니 황해가 다시 육지가 되려면 앞으로 9만 년은 걸리겠지.

황해의 환경은 매우 독특해. 수심이 얕고 경사가 완만해서 갯벌이 생기기에 매우 유리하거든. 황해는 과거에 광활한 대륙이었다고 했잖아. 바다가 되었을 때는 수많은 강을 따라 흙과 모래가 황해로 모여들며 차곡차곡 쌓였을 거야. 우리나라는 동쪽이 높고 서쪽이 낮은 동고서저 지형이야. 그래서 대부분의 하천이 동쪽에서 시작해 서쪽으로 흘러. 반면에 중국은 서쪽이 높고 동쪽이 낮은 지형이야. 오른쪽에는 동고서저 지형의 한국, 왼쪽에는 서고동저 지형의 중국을 둔 황해는 육지의 흙과 모래가 끊임없이 유입되며 갯벌을 이뤘을 것으로 보여. 최근 연구로는 서해 갯벌의 나이가 7,000~8,000년 정도 된다고 해. 간빙기가 시작된 1만 년 전부터 지금까지 갯벌이 계속 만들어져 왔다고 볼 수 있지.

혹시 '세계 5대 갯벌'이란 말 들어 봤어? 세계 5대 갯

세계 5대 갯벌의 위치

벌은 북해 연안(바덴해), 캐나다 동부 연안, 미국 동부 조지아 연안, 남아메리카 아마존 유역과 함께 우리나라 서해를 포함한 황해 갯벌을 말해. 1990년대 들어 서해안 갯벌의 중요성을 알리기 위해 학계에서 세계 5대 갯벌이란 말을 만들었다는데 믿거나 말거나지.

그런데 최근 전 세계 갯벌을 조사한 결과가 보고되면서 세계 5대 갯벌에 신빙성이 더해졌어. 한반도 서해와 중국 황해의 갯벌을 합친 면적이 전 세계를 통틀어 가장 넓었거든. 국가로 따지면 1위를 차지한 곳은 인도네시아였어. 하지만 각각 2위, 17위, 21위를 차지한 중국, 남한, 북한에 펼쳐진 황해 갯벌을 합치면 실제로는 인도네시아 갯벌보다 더 넓다는 거야. 대단하지?

밀물과 썰물을 일으키는 힘

갯벌은 조간대라고도 해. **조간대**란 연안에 발달한 평평한 지형이야. 밀물 때는 바닷물로 덮여 있다가 썰물 때는 육지로 드러나는 부분이지. 밀물과 썰물 같은 조석은 왜 생긴다고 했지? 맞아, 달과 태양이 지구를 끌어당기는 '인력'과 지구가 밖으로 나가려는 '원심력' 때문이야. 이렇게 조석을 만드는 힘을 기조력 또는 조석력이라고 불러.

달이나 태양이 지구를 끌어당기면 지구의 물도 함께 부풀어 오르겠지? 이렇게 해수면이 높아지면서 밀물이 생기는 거야. 이때 반대편에서도 원심력으로 물이 부풀어 올라 지구 양편에서는 밀물 현상이 동시에 나타나. 그럼 나머지 지역은 어떻게 될까? 지구 전체에 흐르는 물의 양은 일정하니까 한쪽 해수면이 올라가면 다른 한쪽은 저절로 내려가겠지. 바로 썰물이 일어나는 거야.

지구가 하루에 자전하는 동안 조석은 인력으로 한

번, 원심력으로 한 번 발생해. 다시 말해 밀물과 썰물이 하루에 두 번씩 생기게 되지. 그런데 그 높이도 지역에 따라 달라. 하루 동안 두 번의 밀물과 썰물로 해수면이 가장 높은 때인 **만조**와 가장 낮은 때인 **간조**가 반복되는데, 만조와 간조의 차이(조차)가 계속 바뀌는 거야. 해수면의 높이(조위)에 영향을 주는 기조력이 달, 태양, 지구의 위치에

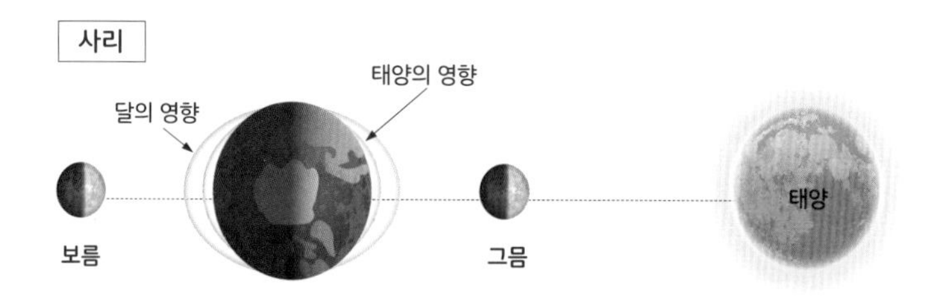

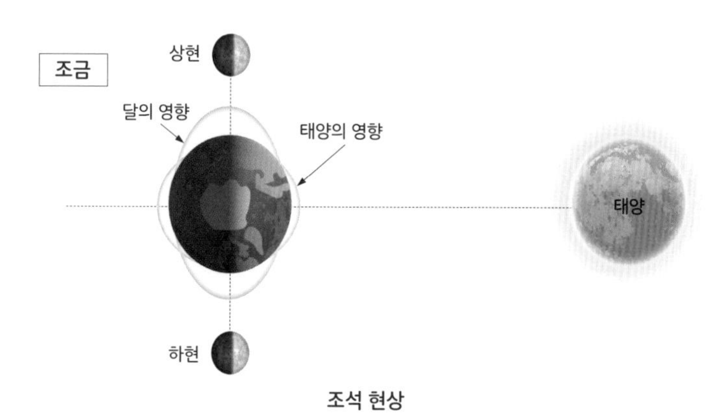

조석 현상

따라 달라지거든. 그것 말고도 지역마다 나타나는 기압, 바람, 수온 등의 영향을 받아. 그래서 같은 날이라도 두 번씩 일어나는 만조와 간조의 높이가 서로 같지 않다고 해. 이러한 현상을 '일조부등'이라고 해.

또 한 가지 중요한 사실이 있어. 지구가 하루에 자전할 때 달은 지구 주위를 약 13° 공전해. 다시 말해 지구는 13° 더 돌아야 전날 위치로 돌아올 수 있어. 그래서 밀물과 썰물의 시간이 매일 50분씩 늦어지는 거야. 만약 오늘 낮 12시에 물이 꽉 들어찬 바다를 봤다면 내일은 오후 1시 무렵에야 그 모습을 다시 볼 수 있는 거지.

기왕 공부하는 김에 '사리'와 '조금'도 알아볼까? 사리와 조금은 조차의 크고 작음을 나타내는 말이야. 조차는 태양과 달의 위치에 따라 달라진다고 했잖아. 태양과 달이 일직선 위에 있으면 지구를 당기는 힘이 더 세지겠지? 이렇게 조차가 가장 커지는 때를 **사리**라고 해. 반면에 태양과 달이 지구를 중심으로 직각을 이뤄 그 힘이 줄어들어서 조차가 가장 작아지는 때가 **조금**이야. 사리와 조금은 결국 달의 공전 때문에 일어나는 거지. 사리는 보름과 그믐 때 나타나고, 조금은 상현과 하현 때 나타나. 그래서

14일에 한 번씩, 한 달에 약 두 번씩 사리와 조금이 생겨.

갯벌은 밀물 때 잠기고 썰물 때 드러나는 평평한 땅이라고 했잖아. 사실 이렇게만 보면 갯벌은 전 세계 어느 곳에나 흔하게 나타나야 해. 그런데 유독 우리 서해에 갯벌이 드넓게 나타난다니 신기하지? 이렇게 넓디넓은 갯벌은 앞서 설명한 것처럼 매우 복잡하고 다양한 조건이 맞물려 만들어져. 우리가 당연하게 여겨 왔던 갯벌이 사실은 엄청나게 귀한 존재라는 말이지.

작지만 큰 저서미세조류의 대활약

우리나라 서남해안의 갯벌은 2021년에 유네스코 세계자연유산으로 등재됐어. 유럽의 네덜란드, 독일, 덴마크에 걸쳐 있는 바덴해에 이어 갯벌로는 세계에서 두 번째지. 한국의 갯벌이 전 세계가 함께 가꾸고 지켜야 할 인류 공동의 자연유산으로 인정받았다는 점에서 의미가 커. 물론 아쉬운 점도 있어. 등재 범위가 서천, 고창, 신안, 보성·순천의 갯벌 네 곳에 그쳤거든. 한강 하구에 위치한 강화도 갯벌, 가로림만 등은 빠졌지.

한국의 갯벌이 세계자연유산으로 등재된 과정을 살펴볼까? 유네스코는 두 가지 측면에서 한국 갯벌이 지닌 가치를 인정했다고 해. 첫 번째는 바로 한국 갯벌이 가진 지리적·경관적 우수성이야. 끝없이 펼쳐진 벌판 위로 화려한 군무를 자랑하며 날아가는 철새 떼, 갯벌 위를 뛰어다니는 망둑어, 쉴 새 없이 어깨춤을 추듯 행진하는 게들의 모습을 상상해 봐. 자연의 아름다움을 넘어 경이로움마저 느껴지지?

그런데 더 중요한 두 번째 이유가 있어. 우리나라 갯벌이 바로 세계 최고 수준의 생물 다양성을 지녔다는 점이야. 갯벌은 수많은 해양생물의 보금자리로 바다 생태계를 지탱하는 데 중요한 역할을 하잖아. 특히 우리나라의 갯벌은 유네스코 심사 과정에서 동아시아-대양주 철새 이동 경로를 지나는 새들의 중간 쉼터로 인정받았다고 해. 검은머리물떼새, 황새, 흑두루미 등 멸종위기에 처한 종들이 많이 지나는 곳이라 더욱 의미가 있지.

세계적으로 철새가 이동하는 경로는 크게 9개로 나뉘어. 그중 가장 많은 철새가 지나가는 길이 바로 동아시

아-대양주 철새 이동 경로야. 러시아 극동 지방과 미국 알래스카부터 우리나라가 있는 동아시아와 동남아시아를 거쳐 호주, 뉴질랜드까지 무려 22개국을 지나는 엄청난 거리를 자랑하지. 그중에서도 우리 갯벌이 철새들이 쉬어 가는 곳 중 하나라니 놀랍지? 5,000만 마리 넘는 철새에게도 우리 갯벌은 매우 중요한 보금자리인 셈이야.

철새들은 왜 하필 한국의 갯벌을 거쳐 가는 걸까? 동아시아-대양주 철새 이동 경로를 다시 생각해 봐. 러시아, 북아메리카 대륙에서 출발한 철새가 호주, 뉴질랜드까지 수천 킬로미터를 한 번에 날아갈 수 있을까? 우리도 서울에서 부산까지 가려면 적어도 한두 번은 휴게소에 들러 숨을 돌리잖아. 중간에 쉬면서 커피도 마시고 핫도그도 먹어야 하지. 철새도 당연히 영양분을 보충하는 시간이 필요하겠지? 철새의 주된 먹이가 다름 아닌 갯벌에 사는 생물이야. 전문 용어로 '저서무척추동물'이라 하지. 갯벌에 가면 흔하게 보는 갯지렁이, 게, 조개, 고둥, 새우 등을 말해.

최근 연구에 따르면 서남해안 갯벌에만 1,000여 종이 넘는 저서무척추동물이 살고 있다고 해. 바덴해 갯벌에 서식하는 것으로 알려진 500여 종보다 약 2배 많지. 단일 국가로는 가장 많은 저서생물종이 살고 있다는 사실이 새롭게 밝혀졌어.

한국의 갯벌에는 어떻게 이토록 다양한 저서생물이 살게 된 걸까? 그 비밀의 주인공은 바로 '저서미세조류'야. 먼저 조류란 뿌리, 줄기, 잎이 구별되지 않는 식물 가운데 광합성을 하는 생물을 말해. 조류는 다시 단단한 구조물에 붙어 사는 해조류와 물속에서 사는 미세조류로 나뉘어. 미세조류는 크기가 매우 작아 현미경으로만 볼 수 있지. 이 미세조류가 바닷물을 떠다니며 살아가면 식물성 플랑크톤, 갯벌에서 살아가면 저서미세조류라 부르는 거야.

저서미세조류는 갯벌에서 먹이 피라미드의 최하위에 있어. 모든 생물에게 매우 훌륭한 1차 먹이라는 뜻이지. 우리 갯벌에는 바로 이 저서미세조류가 엄청나게 많아. 한국의 갯벌이 세계 최고 수준의 생물 다양성을 갖게 된 배경에는 작지만 커다란 저서미세조류가 숨어 있던 거야. 먼 거리를 날아가야만 하는 새들에게 풍부한 먹을거리를 제공하고 숨통을 틔워 준 우리 갯벌이 얼마나 대단한지 알겠지?

갯벌의 가치는 얼마일까?

갯벌은 실로 놀라운 경제적 가치를 지니고 있어. 먹을 것만 봐도 물고기와 조개 등 늘 우리의 풍요로운 식탁을 책임지잖아. 그래, 바로 공급 서비스야. 지금은 간척으로 사라진 화성 갯벌에는 20여 년 전만 해도 가리맛조개라는 조개가 많았어. 1m² 아래에 무려 200마리가 넘게 살았지. 성인이 겨우 1~2명 서 있을 만한 공간인데 엄청 많지? 그런데 화성 방조제가 바다를 가로막은 뒤로는 갯벌이 썩기 시작했어. 산소가 모자라 숨을 쉴 수 없던 가리맛조개는 모두 죽고 말았지.

당시 사라진 화성 갯벌은 약 45km²에 이를 정도로 넓었다고 해. 이때 죽은 가리맛조개의 가치는 2024년 8월 기준으로 약 1조 1,000억 원에 달하지. 조사에 따르면 가리맛조개는 해마다 약 12%를 채취해도 전체 개체군 수가 변하지 않는대. 화성 갯벌의 가리맛조개를 12% 밑으로 채취했다면 매년 1,350억 원에 이르는 경제적 혜택을 계속 누릴 수 있었다는 말이야. 단 한 종류의 조개가 이 정도라면 갯벌에 사는 수많은 생물의 가치는 어마어

떼죽음당한 가리맛조개

마할 거야.

갯벌이 지닌 가치는 먹거리 말고도 무궁무진해. 대표적인 예가 '규조토'라고 부르는 발 매트야. 규조토는 규조류라는 미세조류가 죽은 뒤 바다나 호수 바닥에 쌓여 만들어지는 흙을 말해. 미세한 구멍이 많기 때문에 물 같은 물질을 곧잘 흡수하지. 실제로 물에 젖은 발로 규조토를 밟으면 규조토가 물기를 순식간에 빨아들이거든. 이외에도 해양미생물을 원료로 만든 화장품, 해조류에서 추출한 관절염 치료제, 미세조류 독소를 활용한 진통제, 홍합 추출물로 제조한 접착제 등이 있어. 해양생물을 소재로 다양한 제품을 만들어 내는 해양바이오 산업에서 갯벌의 활약은 앞으로도 계속될 거야.

생태계 서비스 가운데 갯벌이 맡고 있는 조절 서비스도 아주 중요해. 예를 들어 갯벌은 강과 하천을 타고 바다로 흘러드는 각종 오염 물질을 정화해 줘. 갯벌의 흙이 달라붙거나 갯벌에 사는 생물이 먹고 분해하는 과정에서 깨끗해지는 거야. 우리 갯벌이 가진 정화 능력을 돈으로 환산하면 매년 14조 원이 넘는다고 하니 정말 어마어마하지.

한 예로 경상남도 창원시에는 도심을 지나는 하천들이 만나는 지점에 봉암갯벌이 자리해. 크기는 작아도 엄청난 정화 능력을 가지고 있지. 1년에 최대 약 550킬로그램이나 되는 '인'을 제거하거든. 인은 독성을 띠고 있어서 과거에는 쥐약으로도 썼어. 매년 이 인을 없애기 위해 들이는 하수처리 비용만 3,200만 원 정도나 된대. 우리나라 전체 갯벌로 넓혀 계산하면 대략 4,000억 원이란 수치가 나오지. 갯벌이 인을 없애 줄 때 아낄 수 있는 비용만 해

봉암갯벌의 모습

도 이 정도야. 그 밖에도 수천 종 넘는 오염 물질을 정화하는 갯벌의 가치는 얼마나 될지 상상이 돼?

갯벌의 아름다운 경관은 문화 서비스와 관련이 있어. 요즘 떠오르는 '해양 치유'도 여기에 들어가. 해양 치유란 말 그대로 해양자원을 통해 몸과 마음을 건강하게 하는 활동을 말해. 몸에 좋은 수산물을 먹거나 머드 팩으로 피부를 관리하는 거지. 탁 트인 바다를 보며 지친 마음을 달래는 것도 해양 치유라 할 수 있어. 갯벌이 주는 문화 서비스는 관광부터 치유, 연구, 교육 분야까지 무척 다양하게 뻗어 있어. 다양한 해양생물의 삶을 눈으로 직접 확인할 수 있는 것도 아주 중요한 서비스지.

갯벌의 가치와 역할은 무궁무진해. 이렇게 고마운 갯벌을 잘 보존하는 일은 모두를 위해 꼭 필요하지. 다음 세대도 계속해서 혜택을 받을 수 있도록 갯벌의 소중함을 널리 알려 보자.

기후위기 시대의 바다

요즘 지구촌에서 가장 뜨거운 관심을 받고 있는 원소와 분자는 뭘까? 탄소와 이산화탄소 아닐까? 기후변화, 지구온난화, 탄소중립 등 모두 탄소나 이산화탄소와 관련이 있잖아. 2023년 기후변화에 관한 정부간 협의체IPCC가 내놓은 6차 종합보고서는 지구온난화의 원인이 인간 활동으로 배출된 온실가스라는 점을 분명하게 밝히고 있어. 나아가 지구온난화 속도가 과거 예측보다 10년 이상 빨라졌다고 경고하지.

온실가스는 이산화탄소, 메탄, 오존, 수증기 등을 말해. 대기에 장기간 머물면서 지구 기온을 일정한 온도로 유지해 주지. 하지만 지나치게 늘어나면 온실효과를 불러일으켜. **온실효과**란 태양의 열이 지구로 들어왔다가 온실에 갇힌 것처럼 빠져나가지 못하는 현상이야. 온실가스에 흡수되어 대기에 남게 된 열은 결국 지구 온도를 높여. 온실효과는 원래 지구 기후를 조절하는 역할을 하지만 특정 온실가스가 심하게 뿜어져 나올 때 문제가 되는 거지.

이산화탄소는 석유, 석탄과 같은 화석연료를 사용할 때 발생하는 대표적인 온실가스야. 전체 온실가스의 80%를 차지할 만큼 아주 많이 배출되고 있지. 음식물 쓰레기나 가축의 배설물에서 나오는 메탄은 10% 정도래. 화학비료를 쓸 때 발생하는 아산화질소는 약 6%를 차지한다고 하지. 이 외에도 에어컨 냉매와 스프레이에 들어 있는 수소불화탄소, 반도체를 비롯한 다양한 산업 공정에서 쓰는 과불화탄소와 육불화황 등이 있어.

온실가스는 100년이라는 짧은 시간 동안 급격하게 대기로 뿜어져 나왔어. 지구는 따뜻해지다 못해 활활 타오르고 있지. 몇몇 과학자는 지구온난화가 이미 돌이킬 수 없는 수준에 이르렀다고 주장하기도 해. 이러한 이유로 우리나라를 비롯한 195개 국가는 2015년 유엔 기후변화협약 당사국총회에서 전 세계가 힘을 모아 기후변화에 대응하자는 '파리 협정'을 체결했어. 지구의 평균 기온 상승을 산업화 이전과 비교해 2℃보다 훨씬 낮은 수준으로 유지하고 최대 1.5℃를 넘지 않도록 노력하기로 약속했지. 왜 1.5℃냐고? 지구 온도가 1.5℃ 넘게 오르면 대재앙이 올 거란 예측이 있거든.

지구 온도가 1.5℃ 올라가는 것을 막기 위해 전 세계는 이제 탄소중립에 힘쓰고 있어. **탄소중립**은 이산화탄소가 배출되는 양과 흡수되는 양을 같게 해서 순 배출량을 0으로 만드는 걸 말해. 이를 전체 온실가스로 확장해서 순 배출량이 0이 되는 것을 넷 제로Net Zero라고 하지.

우리나라는 2020년에 '2050 탄소중립 추진전략'을 발표했어. 2021년에는 「탄소중립·녹생성장 기본법」을 제정하며 전 세계에서 열네 번째로 탄소중립을 법제화한 나라가 되었지. 현재 우리나라는 2030년까지 탄소 배출량을 2018년(7억 2,760만 톤) 대비 40%(4억 3,660만 톤)로 감축하는 것이 목표야. 다른 선진국에 비해 목표치가 낮다는 지적도 있지만, 2022년 온실가스 잠정 배출량이 6억 5,450만 톤인 점을 고려하면 현재의 목표도 쉽지 않지.

최근 이러한 상황에서 바다가 탄소를 흡수한다는 사실이 주목받고 있어. 2023년 기준으로 전 세계 탄소 배출량은 매년 약 407억 톤이야. 지구가 다시 흡수하는 양이 238억 톤, 대기 중에 남아 있는 양이 169억 톤이라고 하지. 흡수되는 238억 톤 가운데 135억 톤은 육지가, 103억 톤은 바다가 흡수한대. 육지와 바다의 탄소 흡수량이 비슷하지? 그런데 우리나라는 산림이 국토의 약 63%를 차지하는 반면, 갯벌, 염습지 등을 다 합쳐도 국토의 3%가 안 돼. 면적만 놓고 계산해 보면 우리나라는 바다가 육지보다 약 20배 넘는 탄소를 흡수해 주는 셈이지.

그린카본? 블루카본!

탄소를 흡수하는 구조를 가지고 있는 자연을 '탄소흡수원'이라고 해. 육상에서 흡수하는 그린카본과 바다에서 흡수하는 **블루카본**으로 나눌 수 있지. 오늘날 국제 사회에서 탄소흡수원으로 인정하는 블루카본은 세 가지야. 바로 염습지, 맹그로브, 잘피림이지.

염습지는 염생식물이 살아가는 바닷가 습지를 말해. 염생식물은 말 그대로 염분이 많은 곳에서 자라는 식물이야. 우리나라에 100종 가까이 서식하는 것으로 알려져 있지. 그런데 놀라운 사실이 뭔지 알아? 염생식물은 염분이 없으면 살 수 없지만 염분을 좋아하지는 않는다는 거야. 육지의 경쟁에서 밀려 바닷가 쪽으로 내려와 염분을 견디며 살게 된 식물이거든. 그래서 강 하구나 갯벌에서 맨 위쪽 부분 가운데 염분이 낮은 지대에만 서식해. 일제

염습지

강점기 이후에 대규모 간척과 매립으로 그나마 있던 염습지도 대부분 사라졌다고 해. 현재 우리나라의 염습지 면적은 전체 갯벌의 약 2%에 불과해서 탄소흡수원 역할을 기대하기에 턱없이 부족하지.

맹그로브는 소금기가 있는 환경과 더운 날씨에서도 왕성하게 자라 울창한 숲을 이루는 바다의 나무야. 뿌리가 깊어 탄소를 퇴적층 깊숙이 가둬 둘 수 있지. 맹그로브는 세 블루카본 가운데 탄소흡수력이 가장 높아. 크기가

맹그로브

축구장만 한 맹그로브숲은 연간 약 1.6톤이나 되는 탄소를 저장하거든. 소형 자동차 1대가 1년에 내뿜는 이산화탄소의 양이 약 2.4톤이야. 맹그로브가 상당히 많은 양의 탄소를 흡수한다는 사실을 알 수 있지. 안타깝게도 맹그로브는 우리나라에 서식하지 않아. 미래에 우리나라가 더 더워지면 맹그로브가 살게 될지도 모르겠지만 말이야.

끝으로 잘피림은 바닷속에서 꽃을 피우고 씨를 맺는 다년생 식물로 흔히 해초류를 말해. 우리나라에는 거머

잘피림

리말, 새우말 등 9종이 서식한다고 알려져 있어. 주로 수심이 얕은 서남해안 주변에 거대한 바다숲을 이루고 있지. 하지만 잘피림도 염습지보다 약간 클 뿐, 갯벌과 같이 대규모로 발달해 있지는 않아. 그래서 우리나라를 대표하는 블루카본이라고 말하기는 어려워.

그런데 최근 갯벌이 막대한 탄소 저장고란 사실이 밝혀지면서 새로운 블루카본 후보로 떠올랐어. 한 연구에서 우리 갯벌의 탄소 흡수 구조와 그 기능을 세계 최초로 밝혀냈거든. 그 결과는 놀라웠어. 한국의 갯벌이 저장하고 있는 이산화탄소가 약 4,800만 톤에 달할 뿐 아니라 연간 최대 48만 톤을 흡수하고 있다는 거야. 1년 동안 자동차 20만 대가 내뿜는 이산화탄소에 해당하는 양이지. 우리 갯벌이 이처럼 막대한 이산화탄소를 대신 맡아주고 있다니 대단하지?

여기서 말한 갯벌은 대부분 염생식물이 서식하지 않는 비식생 갯벌이라는 점에서 특별해. 비식생 갯벌에서 탄소를 흡수하는 역할을 하는 것이 바로 저서미세조류거든. 저서미세조류의 대부분을 차지하는 규조류가 무려 400여 종 넘게 우리 갯벌에 살고 있지. 광합성을 하는 규조류의 1차 생산력도 전 세계 평균보다 2배 높다고 해.

이제부터라도 국제 사회에서 우리의 비식생 갯벌을 블루카본으로 인정받는 일은 무척 중요해. 이산화탄소 배출량을 좀처럼 줄이기 어려운 오늘날, 블루카본의 역할은 더욱 커질 테니까. 세계자연유산 등재로 전 세계가 주목하고 있는 우리 갯벌을 가꾸고 지켜 나가는 것 또한 필요하지.

바다에 나무를 심는 바다식목일이 매년 5월 10일이라 했던 말 기억하지? 우리나라에서 드넓은 염습지를 다시 볼 수 있도록 바다식목일에 갈대, 칠면초 같은 염생식물을 심어 보는 건 어때? 하나둘씩 염습지가 늘어나다 보면 비식생 갯벌과 함께 우리나라의 든든한 탄소흡수원이 되어 줄 거야.

개발로 얼룩진 갯벌 흑역사

황해 갯벌의 전체 면적은 약 1만 8,000km^{2}야. 전 세계에서 가장 큰 규모를 자랑하지. 황해 갯벌은 유럽 3국에 펼쳐진 바덴해 갯벌보다 3배 이상 커. 생물 다양성도 무척 뛰어나서 세계 제일의 갯벌이라 할 만하지. 그런데 안타깝게도 황해 갯벌을 이루는 우리 갯벌은 오랜 시간 '쓸모없는 땅'으로 여겨지며 고통받아야 했어.

우리나라 갯벌을 메워 육지로 만든 간척의 역사는 고려 시대까지 거슬러 올라가. 고려는 몽골의 침략에 맞서 1232년에 도읍을 강화도로 옮겼어. 뒤이어 30년 가까이 몽골과 전쟁하는 동안 강화도 일대를 대규모로 간척했지. 강화도에 피난을 온 사람들이 10만 명까지 늘어나면서 식량을 구하기가 어려워졌거든. 당시 고려 조정은 식량 문제를 강화도 안에서 해결하기 위해 둑을 쌓아 농사지을 땅을 만들었어.

조선 시대에도 임진왜란과 병자호란을 거치면서 필요한 식량을 안에서 마련할 수 있는 요새가 필요해졌고, 강화도 간척은 더욱 활발해졌어. 지도를 펼쳐 놓고 강화도를 볼 때 산으로 표시된 부분은 예전에 섬이었고, 평야로 표시된 부분은 갯벌이었다고 생각하면 돼. 강화도 면적의 3분의 1은 원래 바다였던 셈이지.

갯벌을 본격적으로 간척하기 시작한 것은 일제강점

기부터야. 당시의 간척은 주로 조간대 위쪽 부분인 염습지를 흙이나 돌로 채워 농경지로 바꾸거나 염전으로 만드는 식이었어. 비교적 수심이 얕은 염습지가 희생양이 된 거지. 이 시기에만 약 90% 넘는 염습지가 사라졌다고 해. 오늘날 바닷가 가까이에 버려진 염전들은 당시 간척의 흔적이야. 우리나라에서는 순천만과 같이 특별히 관리하는 곳이 아니면 이제 염습지를 더는 찾아보기 어려워.

1970년대 이후에는 완전히 다른 방식의 대규모 간척사업이 이뤄졌어. 과거에는 방조제를 바다 쪽으로 해안선과 평행하게 세워서 갯벌을 메웠어. 덕분에 방조제 바깥쪽으로 퇴적물이 옮겨 가면서 새로운 갯벌이 만들어질 수 있었지. 그러던 것이 강 하구나 만의 입구를 가로지르거나 긴 방조제를 이어서 물길을 아예 가로막기 시작한 거야. 수심 20~30m에 이르는 부분까지 통째로 없애는 방식으로 갯벌을 메워 버린 거지. 우리가 잘 아는 인천국제공항, 송도, 김포 등이 그 예야. 이 방식은 퇴적층에 산소 부족과 오염을 일으켜 갯벌 생태계를 완전히 무너뜨려.

역사상 최악의 간척사업으로 일컫는 사례가 있어. 한때 '죽음의 호수'란 악명까지 붙었던 시화호 간척사업이야. 악몽은 시화방조제를 만들면서부터 시작됐어. 1994년에 시화방조제가 완공된 뒤부터 원래 바다였던 시화호의 수질은 급격하게 나빠졌지. 갯벌 퇴적물 안의 산소가 부족해지자 그 안에 살던 저서생물은 숨을 쉴 수 없어 표층으로 기어 나오다가 죽고 말았어. 시화호 갯벌은 수많은 생물의 무덤으로 변하게 됐지. 이때부터 시화호를 '죽음의 호수'라 부르게 된 거야.

시화방조제를 건설해 민물 호수를 만들려던 계획은 인근 주민과 비정부 단체 등 수많은 사람의 반대로 결국 철회되었고, 물길이 다시 열렸어. 다행히 2011년부터 조력발전소가 가동되기 시작하면서 바닷물의 흐름이 활발해졌고 수질은 점차 좋아졌어. 저서생물 군집도 되살아났지. 시화호가 제 모습을 되찾기까지는 20년 가까이 걸렸어.

시화호 간척사업은 농경지, 산업단지 등으로 국토를 넓히고 민물 호수에서 농업과 공업에 필요한 물을 끌어오겠다는 거대한 목표를 가지고 있었어. 사실상 무리한

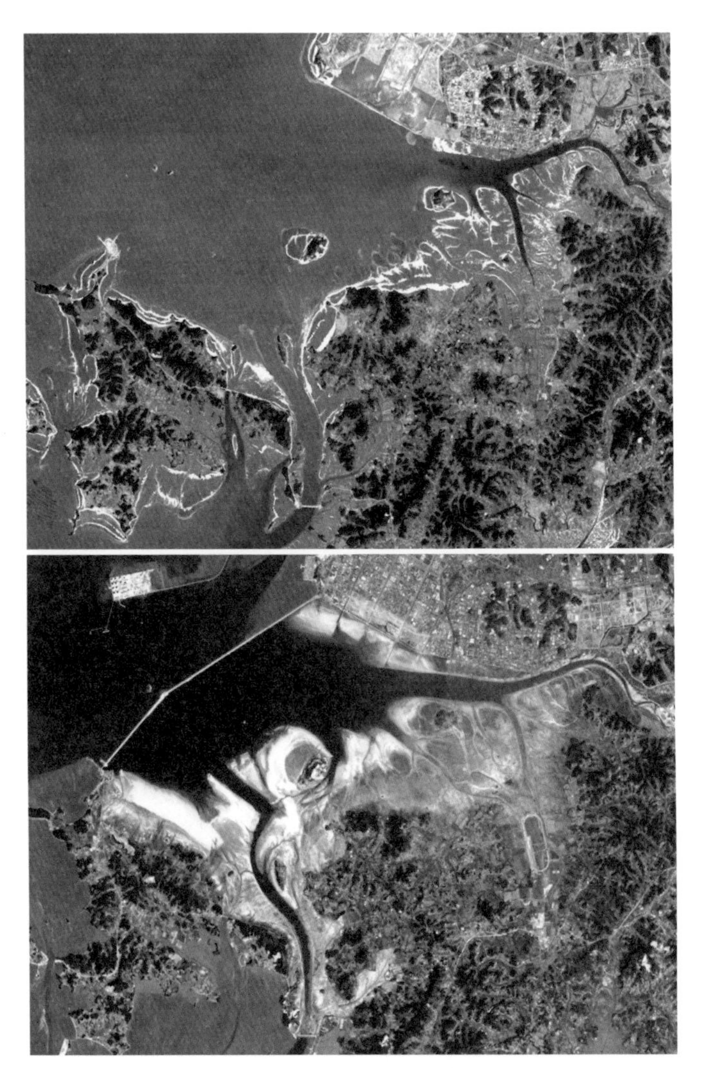

시화방조제 건설 전(위)과 후(아래)

계획이었지. 대규모 방조제 건설이 생태계에 미칠 수 있는 영향에 대한 충분한 검토 없이 이뤄졌거든. 20년이 넘는 세월 동안 세금을 펑펑 쏟아부은 뒤에야 허황된 꿈이었음을 깨닫고 수습에 나선 거야. 자연은 한번 망가지면 원래 상태로 되돌아오기까지 훨씬 더 많은 시간이 걸려. 눈앞의 이익을 위해 자연을 개발하는 일에 더욱 신중해져야 하는 이유야.

그런데 시화호라는 뼈아픈 과거를 그대로 따라가고 있는 곳이 있어. 바로 새만금 간척사업이야. 1991년부터 시작된 새만금 간척 공사는 주민, 단체, 학계 등의 심한 반대에도 불구하고 계속되었어. '환경 보호냐 국토 개발이냐'를 놓고 법정 싸움이 일기도 했지만 2006년에 대법원이 간척 추진을 허용하면서 결국 새만금 바다는 새만금 호수로 바뀌었지. 그렇게 우리나라는 세계에서 가장 긴 방조제를 가졌다는 불명예를 안게 되었어.

새만금 간척사업은 원래 농경지를 마련하기 위해 시작되었어. 하지만 지난 30년간 산업단지, 주택단지, 신항만, 태양광단지, 풍력단지 등 끊임없이 목적이 바뀌어 왔어. 새만금 간척사업을 둘러싼 다툼은 아직도 계속되고 있지. 2050년 완공을 목표로 매년 수천억 원을 쏟아붓고 있지만 언제 끝날지 알 수 없어. 갯벌의 가치가 널리 알려진 지금도 일부 지역에서 간척과 매립이 여전히 활발한 것이 안타까울 뿐이야.

과거 우리는 갯벌의 가치와 생태계의 중요성을 잘 몰랐어. 그래서 갯벌을 농경지나 산업단지로 얼마든지 바꿔도 된다고 잘못 생각했지. 우리는 그동안 갯벌이 지닌 가치를 얼마나 많이 잃어버리고 살아왔을까? 더는 우리의 소중한 갯벌을 외면해선 안 되겠지?

갯벌 천국을 지키는 법

갯벌이 지구에서 얼마나 많은 역할을 하는지 이제는 알 거야. 사실 갯벌의 가치가 숲의 10배, 농경지의 100배에 달한다는 것은 이미 20년 전에 알려졌어. 국내에서는 최근에야 비로소 갯벌의 생태계 서비스에 대한 연구가 이루어지며 재조명받고 있지. 드넓은 갯벌이 간척과 매립으로 절반이나 넘게 사라진 다음에 말이야. "소 잃고 외

양간 고친다"라는 말이 딱이지? 그래도 최근에 우리 바다와 관련해 중요한 법률이 제정된 것은 반가운 소식이야. 하나씩 살펴볼까?

첫째, 2018년에 제정된 「해양공간계획 및 관리에 관한 법률」(해양공간계획법)이야. 원래 우리나라는 「연안관리법」에 따라 바다의 일부분인 연안만을 관리해 왔어. 이제는 새로운 법이 생기면서 관리구역이 연안, 영해, 배타적 경제 수역, 대륙붕까지 확장됐지.

연안과 대륙붕은 앞에서 살펴봤으니 알 거야. '영해'는 한 나라의 주권이 미치는 바다의 영역을 말해. 해안선으로부터 12해리까지로 정해져 있지. 1해리는 대략 1.8km니까 12해리면 22km쯤 돼. 그리고 '배타적 경제 수역'은 경제적 주권이 미치는 범위로, 해안선으로부터 200해리까지야. 배타적 경제 수역 안에서는 해양 탐사와 개발 등에 대한 권리를 주장할 수 있지. 해양공간계획법 덕분에 과거에는 연안에 그쳤던 관리구역이 이제는 국가 전체의 해양 공간으로 넓어졌어.

둘째, 2019년에 제정된 「갯벌 및 그 주변지역의 지속가능한 관리와 복원에 관한 법률」(갯벌법)이야. 이 갯벌

법에서 주목할 점도 바로 관리구역의 확장이야. 조간대에서 조하대 일부까지 범위를 확장했거든. 쉽게 말해 과거에는 썰물 때 드러나는 갯벌만을 대상으로 했다면, 이제는 썰물 때 드러나지 않는 수심 6m까지도 포함한다는 뜻이야. 그렇다면 6m가 경계선이 된 이유는 뭘까? 바로 전 세계 습지를 보호하는 람사르 협약 때문이야.

람사르 협약에서는 습지를 수심 6m까지로 봐. 갯벌로 따지면 조간대부터 수심 6m 이내의 조하대를 가리켜. 여기서 조하대는 바닷물에 항상 잠겨 있는 부분으로 조간대 아래쪽을 말해. 실제 갯벌에 사는 수많은 저서생물의 서식 공간과 산란, 이동 같은 활동 영역이 고려됐다는 점에서 의미가 있어.

현재 우리나라 정부는 갯벌을 보전하기 위해 다양한 정책을 세우고 있어. 그 예로 바다 생태계와 경관 등 특별히 보전할 가치가 있는 공유수면을 해양보호구역으로 지정하고 관리해. 공유수면이란 말 그대로 공공의 용도로 사용하는 수면이야. 바다, 갯벌, 하천, 호수 등을 모두 포함하지.

해양보호구역에는 크게 네 가지가 있어. 습지 보호

지역, 해양생태계 보호구역, 해양생물 보호구역, 해양 경관 보호구역이야. 갯벌은 그중 습지 보호지역으로 관리되고 있어. 습지 보호지역은 생물 다양성이 풍부하거나, 멸종위기에 처한 동식물이 서식하거나, 경관적·지형적·지질학적 가치가 높은 곳을 대상으로 해.

현재 우리나라에는 총 열여덟 곳이 습지 보호지역으로 지정되어 있어. 그중에서 서천, 고창, 신안, 보성·순천

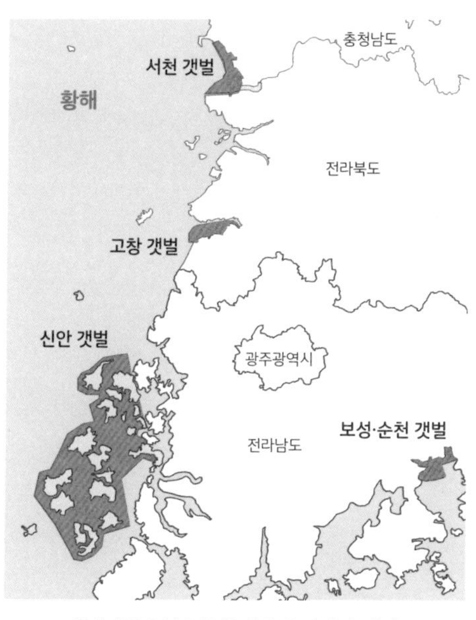

세계자연유산으로 등재된 우리나라 갯벌

갯벌이 세계자연유산으로 등재된 곳이야. 당시 유네스코 세계유산위원회에서는 이 갯벌들을 세계자연유산에 올리면서 '유산구역 확대'라는 조건을 달았어. 습지 보호지역 가운데 세계자연유산 등재에서 빠진 곳들이 그 후보인 셈이지.

가까운 미래에 나머지 습지 보호지역은 물론, 우리나라 갯벌 전체가 세계자연유산으로 등재되면 좋겠어. 네덜란드, 독일, 덴마크 3국 연안에 걸쳐 발달한 바덴해 갯벌 전체가 세계자연유산이 된 것처럼 말이야. 그날을 앞당길 수 있도록 우리 갯벌의 아름다움을 널리 알려 보자!

탄소세, 도입해야 할까?

탄소세란 탄소 배출량에 따라 세금을 부과하는 제도로, 이산화탄소 같은 온실가스를 줄이기 위해 도입된다.

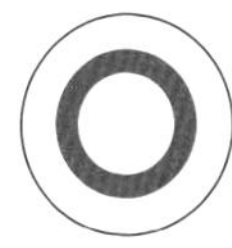

찬성

탄소세는 개인과 기업이 노력해 지구온난화의 속도를 늦추는 데 효과적인 방법이야.

반대

탄소세는 국민에게 탄소 배출에 대한 부담을 떠넘기고 일자리를 위협해.

생각 TIP

화석 연료는 왜 문제일까?

신재생 에너지는 무엇일까?

탄소세를 도입한 나라는 어디일까?

에너지 낭비를 줄이려면 어떻게 해야 할까?

찬성 근거

1) 세금이 부과되면 기업과 개인은 비용을 줄이기 위해 노력하게 될 거야. 탄소가 덜 배출되는 제품이나 서비스를 만들려고 할 테니 탄소 배출량도 점차 줄어들겠지.

2) 탄소세로 얻는 수익은 태양광, 풍력, 수소 등 좀 더 친환경적인 에너지를 개발하는 데 쓸 수 있어. 에너지 수입 의존도가 높은 우리나라에는 좋은 기회가 될 거야.

반대 근거

1) 탄소세는 에너지 사용에 대한 비용을 높여. 이는 저소득층 가구와 중소기업에게 큰 부담이 되고, 심각한 사회적 불평등을 불러올 수 있어.

2) 제조업처럼 에너지 사용이 많은 산업의 경쟁력이 떨어질 위험이 있어. 만약 공장들이 하나둘 해외로 이전하게 되면 국가 경제에도 안 좋은 영향을 줄 거야.

4장
오밀조밀
섬들의 고향,
남해로!

고향이라니
언제부터?
한 1만 년
됐지!

남해에 가면?
제주도도 있고!
거제도도 있고!
무인도도 있고!

우리나라 섬의
3분의 2가 남해에 있잖아.
그만큼 무인도도 많지!
오?
!
와아~

복잡해서 매력적인 남해

남해는 우리나라 남쪽에 있는 바다로, 지리적으로 서해와 동해 중간에 있어. 해양 환경도 두 바다가 가진 특성을 모두 띠어서 매우 다양한 모습을 보이는 곳이지. 특히 '다도해'라는 별명답게 남해에는 크고 작은 섬이 육지와 바다 사이로 밤하늘 별처럼 펼쳐져 있어. 남해 어느 곳을 가더라도 한 폭의 그림처럼 빼어난 아름다움에 마음을 뺏기고 말지.

남해 덕분인지 우리나라는 세계에서 네 번째로 섬이 많은 나라라고 해. 인도네시아(1만 5,000여 개), 필리핀(7,100여 개), 일본(6,800여 개) 다음으로 말이야. 우리나라에는 대략 3,300개가 넘는 섬이 있고, 남해에만 2,200여 개가 모여 있대. 매주 한 곳씩만 가도 60년은 넘게 걸릴 정도라니 엄청나지?

여기서 간단한 퀴즈! 우리나라에서 가장 큰 섬은 어디일까? 바로 우리 모두 잘 아는 제주도야. 제주도는 서울의 3배 정도 되는 면적이래. 다음으로 서울의 절반보다 큰 섬이 4개 있는데 순서대로 거제도, 진도, 강화도, 남해도야. 이 중에서 강화도를 빼면 모두 남해에 있지. 남해의 섬들만 다 합쳐도 작은 나라 하나 정도는 될 것 같지?

남해의 수많은 섬은 서해가 만들어지기 시작한 약 1만 년 전쯤 해수면이 높아지면서 지금과 같은 모습을 갖추게 되었다고 해. 남쪽의 저지대가 바닷물에 잠기면서 크고 작은 섬과 반도가 복잡한 지형을 만들어 낸 거지. 남해의 해안선은 자연스럽게 구불구불한 **리아스식 해안**이 되었어. '리아스'란 스페인 갈리시아 지방의 언어로 강의 하구란 뜻이야. 해수면이 올라가거나 육지가 바다에 가라앉아 생기는 해안이지. 보통 해안선을 따라 복잡하고 다양한 지형이 나타나는 게 특징이야. 이러한 이유로 남해의 해안선은 섬을 제외한 직선거리의 약 8.8배에 이를 정도로 길다고 해. 약 7배인 서해보다 훨씬 구불구불하지.

덕분에 남해에는 **곶**과 같이 튀어나오거나 **만**과 같이 움푹 들어간 지형이 많아. 곶에는 오랜 시간 파도, 바람, 생물 등의 영향으로 깎이고 부서지며 해안가 절벽이라 부르는 **해식애**가 만들어졌대. 해식애 밑으로 침식이 활발히 이루어지면서 평평한 **파식대**가 생겨났지. 그리고 수천 년 넘게 큰 바위와 돌이 닳고 닳아서 남해안을 따라

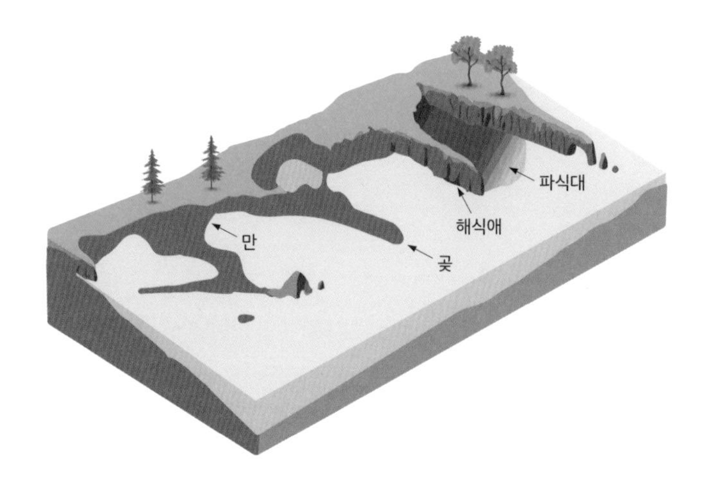

해안에서 나타나는 침식 지형

곶곶에 자갈 해안이 만들어졌어. 여러 요인이 복합적으로 작용해서 다양한 남해의 모습을 이루어 냈다고 할 수 있지.

수심이 깊은 동해에 주로 생기는 암반 해안도 남해 곶곶에 발달해 있어. 암반 조간대, 모래사장 등이 주로 나타나지. 나아가 남해에도 서해처럼 작고 부드러운 펄이나 모래가 깔린 연성 서식지가 발달한 곳이 꽤 있어. 갯벌의 생성 조건 기억나지? 수심이 낮고 조차가 크며 퇴적물 공급이 활발한 곳은 갯벌이 잘 나타나잖아. 우리나라의 대표적인 염습지인 순천만에는 남해에서 가장 큰 규모의 갯벌이 발달해 있어. 낙동강 하구에도 조차는 비교적 낮지만 큰 규모의 갯벌이 있지. 남해에만 약 400km²의 갯벌이 있다고 해. 그중에서도 세계자연유산에 등재된 보성·순천 갯벌은 남해를 대표하는 갯벌이라 할 수 있지.

남해의 기후 역시 매우 복잡하고 독특한 특성을 보여. 과거 남해는 대체로 온화한 해양성 기후를 띠었다고 해. **해양성 기후**란 바다로 둘러싸인 섬이나 해안지방처럼 바다 위 공기의 영향을 많이 받는 기후를 말해. 대륙성 기후에 비해 일교차나 연교차가 적고 대기 중에 머무는 수증기가 많아서 습도가 높지. 게다가 남해 주변으로 따뜻한 구로시오 해류가 1년 내내 지나가기 때문에 쾌적하면서 따뜻했대.

그런데 지금은 기후변화로 남해의 온도가 빠르게 올라가면서 과거 온화했던 기후는 모습을 감췄어. 훨씬 더 복잡한 기후 환경을 띠게 된 거지. 갑자기 장마전선이 발생하거나 시공간적 영향 범위가 시시때때로 바뀌니 예측도 그만큼 어려워졌어. 해마다 변화무쌍해지는 여름철 집중호우와 태풍도 한몫해.

서해와 동해라고 해서 상황이 크게 다르지는 않아. 한반도 전 해역이 기후변화로 과거와는 매우 다른 특성을 보이고 있거든. 마치 바다가 성이 난 것처럼 한반도 곳곳에서 기후변화 징후와 피해가 잇따르고 있으니 말이야. '앵그리시angry sea'라고나 할까?

다도해를 대표하는 제주도

남해가 서해, 동해와 달리 특별한 이유가 하나 더 있어. 맞아! 바로 우리나라에서 가장 큰 섬인 제주도가 있잖아. 제주도는 독도만큼이나 한국인에게 사랑받는 곳이야. 누구든 한 번은 꼭 가보고 싶을 만큼 이국적인 아름다움을 지니고 있으니까. 돌, 바람, 여자(해녀)가 많아 '삼다도'란 별명을 가진 푸른 제주 바다를 좀 더 알아볼까?

제주도는 바다 밑에 있던 화산이 폭발하며 만들어진 화산섬이야. 제주도 하면 가장 먼저 떠오르는 한라산도 이때 생겼지. 지금도 한라산 꼭대기에 가면 화산 분화구에 물이 고여 만들어진 백록담을 볼 수 있어. 이처럼 제

한라산의 백록담은 '흰 사슴이 물을 마시는 연못'을 뜻한다.

주도에는 지질학적으로 중요한 지역이 많아. 그리고 고산지대부터 해안에 이르기까지 다양한 식생을 보여 주는 생태계를 품고 있어. 육지에서 보기 어려운 나무나 토종 야생화 등을 볼 수 있지.

제주의 해양생태계 역시 마찬가지야. 서쪽으로는 수심이 얕은 서해로 이어지고, 동쪽으로는 수심이 깊은 동해로 이어져. 그러다 보니 서해와 동해의 특성을 고루 갖추고 있지. 제주도 해안을 따라 암초 해안, 갯벌, 모래사장, 작은 만과 자갈 해변 그리고 해안 동굴까지 정말 다양한 지형이 나타나거든.

제주 바다에는 여름철에 중국 양쯔강으로부터 막대한 양의 흙과 모래가 떠내려와. 게다가 다양한 성질의 해류가 제주 바다로 흘러들지. 해류를 타고 들어오는 각종 유기물질과 어린 해양생물은 제주 바다를 더욱 풍성하게 만들어. 매우 다양한 열대 어종과 화려한 산호초를 외국에 가지 않고도 얼마든지 감상할 수 있지.

최근에 우리나라에서 전국 연안을 대상으로 한 대형저서무척추동물의 종류와 분포에 대한 논문이 발표됐어. 지난 60년간 전국 연안에서 발견된 해양생물의 기록을 수집하고 분석해서 해양저서무척추동물 목록을 만들었다고 하지. 자료 수집과 분석에만 3년이라는 긴 시간이 걸렸지만, 우리 바다의 해양생물 다양성이 전 세계 최고 수준이라는 사실을 밝혀냈대.

이 연구를 통해 제주 바다가 우리나라에서 해양생물 다양성이 가장 높다는 사실이 드러났어. 남해안 일대를 크게 9개 구역으로 구분해서 비교했을 때 단일 지역에서 확인된 생물종은 평균 136종에 불과했어. 그런데 제주 인근 바다에서는 이보다 4배 많은 생물종이 확인됐지. 아울러 제주 바다에 서식하는 종이 가장 다양한 분류군을 포

해조류가 모여 만들어진 제주 바다숲

함하고 있다는 사실도 밝혀졌어. 바닷속 깊이 풍부하게 발달한 바다숲이 수많은 해양생물의 보금자리가 되어 주었거든.

섬은 어떻게 관리할까?

대한민국 헌법 3조에는 섬과 관련한 조문이 나와. "대한민국의 영토는 한반도와 그 부속도서로 한다"라는 부분이야. 그래서 섬(도서)은 영토로서 가치가 있을 뿐 아니라 국가 간 경계, 배타적 경제 수역, 해양자원이나 어업 활동의 범위를 정하는 데 매우 중요한 역할을 해. 섬 주변은 수산자원이 풍부할 뿐만 아니라 아름다운 자연경관으로 관광객을 끌어모으지.

이렇게 귀중한 섬을 그냥 내버려둘 수는 없겠지? 맞아, 여러 정부 부처에서 남해의 섬들을 관리하고 있어. 그중 환경부는 「자연공원법」에 따라 육상이 아닌 바다도 일부 관리해. 총 23개의 국립공원 중에서 태안반도와 변산반도는 '해안국립공원'으로, 다도해와 한려 지역은 '해상국립공원'으로 지정했지. 해상국립공원은 모두 남해에 자리해 있는데 그 규모가 어마어마해. 다도해해상국립공원은 400여 개, 한려해상국립공원은 100여 개에 달하는 섬을 포함하고 있지.

이렇게 많은 섬을 도대체 어떻게 관리할 수 있을까?

한려해상국립공원

심지어 모든 섬에 사람이 사는 것도 아닌데 말이야. 대표적으로 거문도와 백도는 둘 다 사람이 살지 않는 무인도야. 그중 백도는 1979년 대한민국 명승 제7호로 지정된 곳이지. 거문도에서 동쪽으로 28km 떨어진 지점에 있는데, 총 39개의 크고 작은 섬으로 이루어져 있어. 섬 전체가 기암괴석과 멋진 나무로 가득해서 태고의 신비를 간직한 듯한 모습을 보여. 실제로 금강산의 해금강처럼 아름다워 백도를 '남해의 해금강'이라 부른대.

국립공원공단에서는 매년 섬을 효과적으로 관리하기 위해 생태계 서비스 가치평가 연구를 진행해. 그런데 그 결과가 아주 놀라워. 2020년 거문도·백도 지구의 생태계 서비스 가치가 순천만과 같은 갯벌과 크게 다르지 않은 것으로 나왔거든. 심지어 증도 갯벌보다 그 가치가 크다는 사실에 모두 놀랐지. 증도 갯벌은 우리나라 갯벌 중 세계자연유산으로 지정된 신안 갯벌에 포함된 곳이거든.

남해의 해금강이라 불리는 백도

구체적으로 살펴보자면 거문도·백도 지구는 증도나 순천만 갯벌보다 공급·문화 서비스 가치가 높았어. 무인도라 사람의 손길이 적었던 덕분에 해양생물 다양성이 풍부해지며 공급 서비스 가치도 높아진 것으로 보여. 그리고 수려한 경관으로 관광객들에게 인기를 끌면서 문화 서비스 가치가 자연스럽게 높아졌겠지.

반면에 거문도·백도 지구의 조절·지지 서비스 가치는 낮게 나왔어. 아무래도 자연 자체를 지탱해 주는 역할과 조절 능력은 갯벌보다 낮을 수밖에 없었을 거야. 아무튼 이번 연구로 섬이 갯벌만큼 소중하다는 사실을 처음 알게 됐지. 남해의 섬들을 보호하고 관리하기 위한 과학적 근거를 마련했다는 점에서 의미가 커.

바닷길 따라 맛 따라

남도 음식이 맛있기로 소문난 이유는 그 지역만의 특산품이 많기 때문이야. 남해안을 따라 지역별로 신선한 수산물을 바로바로 맛볼 수 있다고 생각해 봐. 벌써 군침이

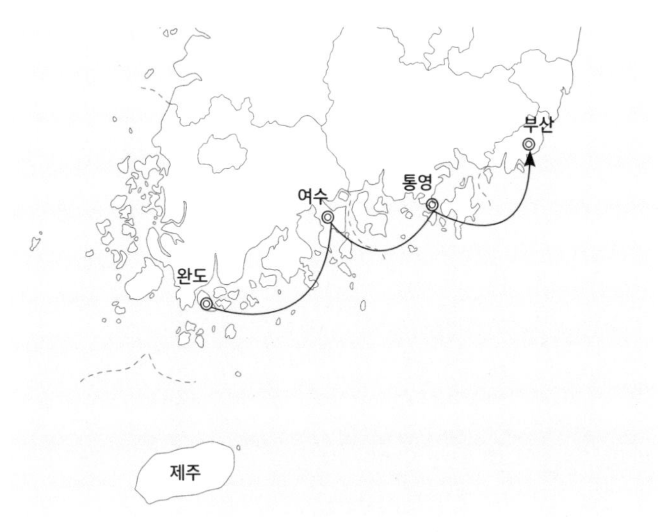

완도, 여수, 통영, 부산의 위치

넘어가지? 그럼 이제 남해로 특별한 맛 기행을 떠나 볼까? '서울, 대전, 대구, 부산 찍고'란 유행가 가사는 잊어버리고, 남해안을 따라 완도, 여수, 통영, 부산 찍으러 출발!

첫 번째 여행지는 완도야. 완도는 전라남도 최남단에 자리해. 완도와 주변의 섬 264개를 포함한 완도군에 다도해해상국립공원 사무소가 있어. 이 지역 일대가 다도해해상국립공원의 소안·청산도 지구에 속하기 때문이야. 통일신라 시대의 장군인 장보고가 해적을 소탕한 것으로 유명한 청해진도 완도 동쪽에 자리해 있지. 완도군 전체가 훌륭한 자연경관을 가진 문화재이자 역사적 명소인 셈이야. 남해 여행의 출발점으로 이만한 곳이 없지.

완도에는 수많은 섬을 따라 갯벌, 모래 해변, 바다숲이 나타나고, 다양한 생물이 살고 있어. 그래서 양식부터 연안어업까지 다양한 방식으로 각종 어패류와 수산물이 생산돼. 갑오징어나 소라가 대표적이야. 고등어, 홍어 등도 많이 잡혀서 신선한 횟감을 구하러 많은 사람이 완도를 찾아. 완도에는 해조류 양식장도 많은데 김, 다시마, 미역 같은 특산품으로 유명해. 양식 전복은 전국 생산량의 70%를 차지할 정도야. 최근에는 갑각류와 어류 양식도 점점 늘고 있대.

이제 두 번째 여행지를 알아볼까? 여수는 아름다운 해양 환경과 드넓은 항만을 자랑하는 해안 도시야. 전라남도에서 순천과 함께 인구가 가장 많은 지역 중 하나지. 특히 다도해해상국립공원의 금오도 지구와 한려해상국립공원의 오동도 지구를 비롯한 보물 같은 섬이 많아. 2012년에는 여수세계박람회가 개최되면서 우리나라를 대표하는 해양관광 도시로 발돋움했어. 그리고 〈여수 밤

바다〉란 노래 덕분에 야경 명소로 떠올랐지. 엑스포해양공원을 비롯해 여수 해상케이블카, 독도 해맞이공원 등도 인기가 많다고 해.

여수 역시 완도 못지않게 다양한 어패류와 수산물로 유명해. 남해 일대에서 잡히는 고등어도 여수의 대표 수산물 중 하나지. 과거에는 쥐포와 멸치가 유명했는데 지금은 양식으로 생산한 꼴뚜기와 갑오징어가 인기래. 꽃게, 새우 같은 갑각류는 물론이고 바지락, 홍합, 전복 등도 많이 잡혀. 그리고 여수는 국내 최대 규모의 새조개 생산지야. 육질이 두툼하고 식감이 좋아 회나 조개찜으로 즐겨 먹는 새조개는 '조개의 황제'라 부를 만큼 인기 많은 여수 특산품 중 하나야.

세 번째 여행지인 통영으로 가보자. 통영은 '삼도수군통제영'에서 따온 말이라고 해. 실제로 통영은 해군 본부가 있던 역사적인 군항 도시야. 북쪽으로는 고성군, 서쪽으로는 남해도, 동쪽으로는 거제도와 이어져 있어서 항로의 중심지 역할을 했지. 그래서인지 옛날부터 교류가 활발했고, 바다로 둘러싸인 덕분에 먹거리가 늘 풍부했다고 해.

통영 남쪽으로는 한려해상국립공원에 속한 섬이 많아. 통영 주변에만 150여 개에 달하는 섬이 있지. 해안선이 복잡하다 보니 곶과 만이 발달해 다양한 해안 지형을 볼 수 있어. 통영은 이순신 장군의 한산대첩이 일어난 장소이기도 해. 한산대첩은 1592년에 조선 수군이 학이 날개를 펼친 듯한 병법으로 단 한 척의 전선도 잃지 않고 왜군을 물리친 전투를 말해. 이 역사적인 사건이 일어난 한산도 앞바다가 통영의 중심부야.

통영 하면 바로 떠오르는 어패류가 있지? 그래, 굴이야. 통영은 1960년대부터 굴을 생산하기 시작해서 한때는 우리나라 굴 생산량의 80%를 차지했다고 해. 통영에서는 바다에 부표를 띄워서 굴을 양식해. 굴 껍데기를 꿴 줄을 부표에 매단 후, 바다 깊숙이 내려서 어린 굴이 껍데기에 붙도록 유도하지. 그 상태로 2년 넘게 키운 후에 수확해. 사실상 바다에서 사료를 주지 않고 키우기 때문에 자연산이나 다름없지. 그 외에도 통영에서는 전복, 홍가리비를 양식으로 생산해. 바다에 친 그물 안에서 우럭, 돔, 쥐치를 기르는 가두리 양식도 많이 이루어진다고 해.

이제 남해의 마지막 여행지인 부산으로 가볼까? 부

산은 우리나라 제일의 항구 도시야. 국내 최대 규모의 항구인 부산항이 있는 곳이자 국제 무역과 해운 활동의 중심지이지. 그뿐일까? 해운대부터 시작해 태종대, 동백섬, 오륙도, 자갈치 시장, 영도대교, 부산타워까지 수많은 명소가 자리해 있어. 게다가 해양·수산과 관련한 거의 모든 공공기관이 모여 있다고 하니 부산을 해양·수산의 본고장이라 할 만하지.

부산은 도시 자체가 수산 백화점이나 마찬가지야. 매우 다양한 어패류가 시장에 널려 있거든. 자갈치 시장에서만 매일 300여 종의 어패류가 거래된다고 해. 그중에서도 더욱 유명한 것을 꼽자면 꼴뚜기와 굴이 있어. 홍합 같은 신선한 조개도 많고, 산낙지와 생새우도 일품이야.

남해에도 갯벌이 있다고?

우리나라 갯벌의 전체 면적은 약 2,500km²야. 그중 6분의 1 정도가 남해에 위치해. 세계자연유산에 들어간 우리 갯벌 가운데 보성·순천 갯벌이 유일하게 남해에 자리해 있지. 보성·순천 갯벌은 고흥군, 보성군, 순천시, 여수시로 둘러싸인 여자만 안에 발달한 두 곳의 갯벌을 가리켜. 바로 보성군 벌교읍 해안가의 갯벌과 갈대숲으로 유명한 순천만 갯벌이지. 보성·순천 갯벌은 2006년에 우리나라에서 갯벌로는 처음으로 람사르 협약에 등재됐어. 국내 갯벌 중에서도 유서가 깊은 곳이지.

보성·순천 갯벌은 금강 유역으로부터 퇴적물이 가장 멀리 이동한 곳이기 때문에 펄의 입자가 매우 고와. 조

보성·순천 갯벌

간대 상부에는 염습지와 함께 갈대숲 같은 염생식물 군락이 넓게 발달해 있지. 해마다 수십만 마리의 물새 떼가 찾는 철새 명소로도 유명해. 매년 겨울이면 천연기념물로 지정된 흑두루미가 국내에서 이곳을 가장 많이 방문한다고 하지. 그 외에도 갯게, 기수갈고둥, 붉은발말똥게, 대추귀고둥, 흰발농게 등 다양한 멸종위기종이 살아가는 매우 특별한 곳이야.

참, 벌교 하면 꼬막으로 유명하잖아. 꼬막비빔밥, 꼬막장 등 식감이 쫄깃한 꼬막의 인기를 따라올 조개류가 없을 정도야. 꼬막은 돌조갯과에 속하는 조개를 일컬어. 참꼬막, 새꼬막, 피꼬막 3종이 유명하지. 흔히 꼬막이라 부르는 종은 돌조갯과 아래 피조개속에 속하는 7종과 꼬막속에 속하는 진짜 꼬막 1종을 합쳐 총 8종이야. 꼬막속의 꼬막 1종만 진짜 꼬막이라 해서 '참꼬막'이라 부르게 됐지. 그런데 최근 자연산 꼬막의 생산량이 급격히 떨어져서 우리가 먹는 것은 대부분 양식 꼬막이라고 해.

꼬막류 대장인 참꼬막만 보더라도 지난 10여 년 동안 생산량이 꾸준히 감소했어. 꼬막류 전체 생산량의 절반을 차지했던 참꼬막은 최근에 0.5% 수준으로 곤두박

왼쪽부터 참꼬막, 새꼬막, 피꼬막

질쳤지. 사실상 자연산 꼬막을 찾기란 모래 속 진주알 찾기처럼 거의 불가능해졌다고 봐야 해. 자연산 꼬막의 급격한 감소는 서식지 훼손, 물고기를 마구 잡아들이는 남획, 기후변화, 해양오염 등 여러 요인이 얽혀 있어.

남획과 오염으로 몸살 앓는 남해

남해 생태계도 다른 곳과 마찬가지로 위험에 처해 있어. 무분별한 어업 활동은 수산자원의 불균형, 특정 개체군

의 급격한 감소 등 심각한 부작용을 불러일으켜. 여러 법규에 따라 불법 어업과 남획을 금지하고 있지만, 전부 규제하기란 어렵지. 실제로 허가받지 않은 사람이 몰래 물고기를 잡거나 금지된 그물을 쓰는 등 각종 불법 어업이 판친다고 해. '나 하나는 괜찮겠지'란 생각과 무책임한 행동은 다른 선량한 어부들에게 피해를 주고 미래 세대에게 물려줘야 할 해양 환경을 파괴하고 있어. 인간을 비롯해 바다에 터를 잡아 사는 많은 생명을 위해서라도 불법 어업이 사라졌으면 해.

남해는 산업 활동과 해양 운송 등에서 나오는 폐기물, 생활 쓰레기, 적조 등 각종 오염도 심각한 상황이야. 물론 남해만의 문제는 아니야. 육지의 오염 물질이 바다로 흘러들며 해양생태계가 파괴되는 문제는 예전부터 지적되어 온 연안 오염의 단골 사례니까. 간척, 매립 등 개발을 위해 갯벌과 해변을 없애는 것도 큰 문제야. 특히 남해는 중국, 일본 등 외국으로부터 해류를 타고 밀려오는 막대한 양의 쓰레기로 몸살을 앓고 있어.

기후변화 이슈도 빠질 수 없지. 한반도 해역과 해양생태계가 기후변화에 취약하다는 연구 결과가 잇따라 나

남해안에 떠밀려 온 쓰레기

오고 있거든. 지구온난화 대신 지구열대화라는 말을 써야 할 지경인 지금 시점에서 우리의 생존은 기후변화에 어떻게 대처하느냐에 달려 있어. 기후변화가 바다에 미치는 영향은 수온 상승, 바다 사막화, 연안 침식, 외래종 유입 등 수없이 많아. 그중에서도 구로시오 해류의 길목에 있는 남해는 수온 상승의 영향을 가장 먼저 받을 수 있으니 남해를 보전하기 위한 노력이 시급하지.

외래종 유입을 살펴볼까? 외래종은 서식지를 두고 그곳에 사는 생물종과 경쟁해. 전체 먹이가 줄어들거나 경쟁에서 밀리면서 원래부터 살던 생물의 씨가 아예 말라 버릴 수 있지. 외래종은 새로운 독성 물질을 퍼뜨리거나 이상 번식으로 서식지를 망가뜨리는 등 다양한 위험성을 지니고 있어. 그래서 매우 주의 깊은 관리가 필요해. 그 예로 최근에 어패류의 북방한계선이 높아지면서 새로운 열대성 해양생물이 점점 많이 들어오고 있어 문제야. 여기서 북방한계선은 특정 생물종이 살아갈 수 있는 북쪽의 맨 끝부분을 정한 경계선을 말해. 이 선보다 북쪽인 곳에서는 해당 종이 서식하지 않는다는 뜻이야. 정확히 말하면 서식 기록을 찾아볼 수 없다는 거지.

물론 외래종이 무조건 나쁘다는 뜻은 아니야. 생태계 서비스 측면에서 외래종이 들어왔을 때 장점도 있거든. 서해 갯벌을 침범한 갯끈풀의 경우가 그래. 갯끈풀은 갯벌에 도달하는 햇빛의 투입량을 떨어뜨려 갯벌 밑바닥에 사는 생물에 해를 끼친다고 알려져 있어. 그래서 우리 정부는 갯끈풀을 빠르게 유해 해양생물로 지정해 없애 왔지. 그런데 최근 갯끈풀의 탄소 흡수 능력이 뛰어나다는 연구 결과가 나왔어. 갯끈풀을 연구한다면 새로운 탄소흡수원으로 활용할 수도 있을 거야. 이렇듯 우리 바다에 유입된 외래종을 어떻게 관리할지에 대해 앞으로 더욱 신중하게 접근해야 해.

비슷한 사례로 맹그로브가 있어. 현재 맹그로브의 북방한계선은 일본 규슈섬의 남부 지역으로 알려져 있어. 제주도와 겹치지. 그런데 머지 않아 맹그로브가 제주도를 넘어 남해안에서도 자랄 수 있을 거라고 해. 지구 기온이 높아지며 맹그로브의 북방한계선이 계속 높아지는 추세거든. 그런데 일부 맹그로브는 저온에서도 잘 자라나. 이런 맹그로브 종이라면 지금처럼 지구온난화가 계속되는 상황에서 한반도 연안으로 들어올 가능성도 충분해.

실제로 칸델리아 오보바타Kandelia obovata란 맹그로브 종이 빠르면 2040년에 한반도에 상륙할 수 있다는 예측 결과가 나왔어. 대표적인 블루카본으로 알려진 맹그로브가 서식하게 되면 우리나라는 강력한 탄소흡수원을 갖게 될 거야. 동시에 맹그로브가 들어오며 어떤 부작용을 불러일으킬지 모르는 상황을 맞닥뜨리겠지.

지난 2021년, 바다에 닥친 위기를 경고하는 '해양환

경보호 성명서'가 발표됐어. 한국에서 제안하고 작성됐을 뿐만 아니라 미국과 독일 등 65개국이 참여한 국제 성명서였지. 이 성명서에는 깨끗한 바다를 되찾기 위한 다섯 가지 과제가 나와 있어. 바다의 건강을 회복하기 위한 협력 촉진, 해양생물의 서식지 보전, 환경 오염 물질에 대한 통제, 기후변화 완화, 남획 대응책 등이지. 1분 1초가 아쉬운 상황에서 성명서에 담긴 해양 환경 문제를 더는 방치해선 안 돼. 남해도 마찬가지야. 각종 쓰레기와 남획 등으로 신음하는 남해를 위해 다 함께 머리를 맞대야 하지. 바다는 하나로 이어져 있어서 어느 한쪽만 노력한다고 좋아지지 않아. 바다를 건강하게 되돌려 놓는 일은 전 세계가 똘똘 뭉쳐 함께 풀어 나가야 할 인류 공동의 책임이라는 사실을 기억하자.

적조 현상은 왜 일어날까?

바다의 오염은 수산물을 잡거나 기르는 어업 활동, 선박 사고 등으로 일어나다 보니 어느 한 곳에 국한하기 어려워. 그런데 유독 남해에서 많이 나타나는 문제도 있어. 바로 적조 현상이야. **적조**는 플랑크톤이 폭발적으로 번식하면서 바다의 색이 붉게 보이는 현상을 말해. **플랑크톤**은 바다를 떠다니는 생물로 각종 해양생물의 먹이야. 식물성 플랑크톤과 동물성 플랑크톤이 있지. 적조를 일으키는 규조류, 와편모조류는 식물성 플랑크톤인데, 색소체를 지니고 있어 바다를 붉게 만들어.

1960년대부터 오늘까지 적조가 어떻게 발생하는지 끊임없는 연구가 이뤄져 왔어. 1960년대에는 적조를 일으키는 생물이 순수한 식물성이며 물속을 떠다닐 능력이 없다고 생각했어. 질소와 인 같은 영양염류가 풍부하고 빛이 충분하면 대량 번식해서 적조가 발생한다고 봤지. 1970~1980년대에 접어들며 적조 연구는 여기서 한층 더 나아갔어. 규조류와 달리 와편모조류는 식물성 플랑크톤인데도 물속을 떠다닐 수 있었거든. 표층의 영양염류가 부족해도 빛이 줄어드는 저녁에 아래로 내려가 영양염류를 흡수할 수 있었지. 낮에는 표층에서 광합성으로 에너지를 축적하고, 밤에는 저층에서 영양분을 공급받는 거야. 폭발적으로 성장하는 데 규조류보다 훨씬 유리하지.

남해에 나타난 적조

그런데 1990~2000년대에 새로운 사실이 밝혀져. 와편모조류가 광합성은 물론 포식도 가능한 혼합영양성이라는 거야. 와편모조류는 영양염류가 매우 적은 바닷물에서 다른 생물을 잡아먹으며 번식하는데 이때 적조가 일어난 거지. 식물이면서 동물의 성질을 지니고 있다니 신기하지?

최근에는 적조생물이 서로 경쟁하면서 적조가 일어난다는 이론까지 나왔어. 한 해역에 적조생물 수십 종이 함께 있다고 치면 환경 변화에 적응해 마지막까지 살아남은 종이 적조를 일으킨다는 거지. 예를 들어 영양염류가 풍부할 때는 성장 속도가 빠른 규조류가 적조를 일으켜. 반대로 광합성을 하기 위한 조건이 나빠지면 다른 생물로 영양분을 섭취할 수 있는 와편모조류 때문에 적조가 일어나. 그러다가 와편모조류 사이에 다시 치열한 경쟁이 일어나면 적조를 일으키는 종이 또 바뀌는 거야.

앞에서 설명한 원인들은 동시에 일어날 수 있어. 그래서 적조를 정확하게 예측하기란 매우 어려워. 분명한 것은 한 가지야. 적조가 끝나면 수많은 플랑크톤이 바다 밑바닥에 가라앉고, 이때 쌓인 유기물이 썩으면서 산소 농도를 급격히 떨어뜨려. 그럼 다양한 저서생물이 호흡을 하지 못해 떼죽음을 맞을 수 있어. 때론 폭발적으로 증가한 플랑크톤이 어류 아가미에 달라붙어 호흡을 방해하고 죽음에 이르게 하기도 해.

현장에서 실시간으로 변하는 적조를 미리 알아서 그 피해를 줄이는 일은 쉽지 않아. 특히 남해는 바닷물의 흐름이 급격히 변하고 수많은 변수가 복합적으로 작용하기 때문에 적조가 발생하는 시기나 장소를 파악하고 변화

양상을 예측하기 어려워. 그래서 평소에 적조가 발생하지 않도록 미리 예방하는 것이 최선이야. 예를 들면 특정 해역으로 영양염류가 지나치게 유입되는 것을 사전에 통제하면서 수질을 적절히 관리하는 거지. 또한 적조를 일으키는 플랑크톤이 조금이라도 발견될 때 미리 이를 제거하는 기술을 적용한다면 적조 피해를 크게 줄일 수 있을 거야.

물론 적조가 발생한 뒤에도 몇 가지 방법으로 대응이 가능하긴 해. 대규모 적조가 일어났을 때에는 바다 표면에 부표를 띄워서 플랑크톤을 수거할 수 있어. 바닷물이 수직으로 움직이도록 만들어 플랑크톤이 더 모이지 않도록 할 수도 있지. 플랑크톤을 먹는 동식물을 투입해 자연적으로 플랑크톤의 밀도를 조절하는 방법도 쓰여.

최근에는 적조 정보 시스템이 도입되었다고 해. 예보 단계는 적조를 일으키는 생물의 출현 밀도와 발생 규모에 따라 예비주의보, 주의보, 경보, 해제 등으로 나뉘어. 적조생물의 종류는 크게 편조류, 규조류, 혼합형이 있는데 세포 크기와 독성 물질의 함량에 따라 구분한대. 적조 정보 시스템에 데이터가 쌓이면 앞으로 더욱 정확한 예측이 가능할 거야. 하지만 가장 확실한 예방법은 바로 적조가 발생하지 않도록 깨끗한 해양 환경을 유지하는 일이겠지?

우리 바다를 지키기 위한 노력

우리나라의 각 해역과 생태계는 정해진 법규에 따라 다양한 제도로 보호받고 있어. 그 예로 「해양오염방지법」에 따라 2000년부터 전국 해역을 관리하기 위한 '환경관리해역 제도'가 실시되고 있지. 환경관리해역은 다시 환경보전해역과 특별관리해역으로 나뉘어.

먼저 환경보전해역은 수산자원의 보호와 육성을 위해 해양 환경을 지속적으로 보전할 필요가 있는 해역으로 설정해. 현재 총 4개 지역이 환경보전해역으로 지정되어 있는데, 서해의 함평만을 제외하면 모두 남해에 있지. 그만큼 남해가 우리 해양 환경에 중요한 곳이라는 점을 알 수 있어.

특별관리해역은 해역마다 해양 환경의 기준을 유지

하기 곤란하고, 해양 환경을 보전하는 데 뚜렷한 걸림돌이 있거나 그럴 우려가 있는 해역으로 정해져. 이뿐 아니라 해양 오염에 직접 영향을 미치는 육지를 포함해. 2001년 시화호·인천 연안을 시작으로 2004년 마산만, 2005년 광양만, 2008년 울산 연안, 2009년 부산 연안까지 총 5개 지역이 선정됐지. 남해에 가장 많은 특별관리해역이 있다는 것은 남해의 오염이 심각하다는 사실을 잘 보여 줘.

이 외에도 「해양생태계의 보전 및 관리에 관한 법률」과 「습지보전법」에 근거한 '해양보호구역 제도'가 있어. 이전 장에서 해양보호구역을 습지 보호지역, 해양생태계 보호구역, 해양생물 보호구역, 해양경관 보호구역으로 나눈다고 했잖아. 습지 보호지역은 당연하게도 갯벌이 많은 서해에 가장 많이 지정되어 있어. 반면에 해양생태계 보호구역은 절반 넘게 남해에 위치해 있지. 해양생태계 보호구역은 해양생물의 다양성이 높고, 서식지가 다양하며, 산호초와 해초 군락처럼 경관이 뛰어난 곳을 대상으로 해. 동해와 서해의 특성을 고루 띠는 남해에 몰려 있을 수밖에 없지.

한편으로 해양생물을 보호하기 위한 '해양보호생물 제도'가 있어. 현재 총 91종이 해양보호생물로 지정되어 있지. 하나씩 살펴보자면 혹등고래 같은 포유류 21종, 나팔고둥 같은 무척추동물 36종, 거머리말 같은 해조류(해초류) 7종, 장수바다거북 같은 파충류 5종, 가시해마 같은 어류 6종, 넓적부리도요 같은 조류 16종으로 이루어져 있어.

생태계는 한번 망가지면 되돌리는 데 아주 오랜 시간이 걸려. 망가지기 전에 잘 보살피는 것이 가장 중요하지. 그래서 우리 정부는 갯끈풀처럼 생태계에 해로운 영향을 주거나 줄 것이라 예상되는 해양생물을 유해 해양생물, 해양생태계 교란생물로 지정해 엄격하게 관리하고 있어.

최근 국제적으로 주목할 만한 합의가 있었어. 제15차 유엔 생물다양성협약 당사국총회가 캐나다에서 열렸는데, 당사국총회에 참가한 196개 회원국 모두 '30×30 목표'에 합의했다고 해. 2030년까지 전 세계 바다와 육지의 30%를 보호구역으로 지정하겠다는 거지. 여기서 눈여겨봐야 할 것은 그 대상에 바다가 명시되었다는 점이야. 이 합의에 따라 우리 정부는 현재 2%에도 못 미치는 해양보호구역을 2030년까지 30%로 늘려야 해. 우리 바다를 더욱 살뜰히 보살필 좋은 기회지. 서남해안에 걸쳐 갯벌이 광활하게 펼쳐져 있는데, 아직 습지 보호지역으로 지정되지 않은 곳도 많거든. 산호초나 바다숲 등이 발달한 제주와 남해의 수많은 섬 모두 훌륭한 후보군이지. 아울러 현재 해양생물 보호구역과 해양경관 보호구역은 총 세 곳에 불과한데, 전략적으로 이들 보호구역을 늘려가는 것도 좋은 방법일 것 같아.

가능하다면 30%를 넘어 더 많은 곳이 해양보호구역으로 지정되어 관리되었으면 하는 바람이야. 미래 세대도 바다가 주는 혜택을 계속해서 충분히 누릴 수 있도록 말이야. 우리 모두 바다를 지키기 위해 작은 것부터 하나씩 실천해 간다면 희망이 있지 않을까? 예를 들어 일상에서 쓰레기 분리수거를 열심히 하고, 텀블러를 갖고 다니는 거야. 아름답고 풍요로운 우리 바다를 지키기 위해 모두 함께 노력해 보자. 자! 바다로, 세계로, 미래로 힘차게 전진해 볼까?

플라스틱 사용 규제, 강화해야 할까?

2022년 OECD 통계에 따르면 전 세계 플라스틱의 재활용률은 단 9%였다. 오늘날 바다에는 플라스틱 쓰레기가 약 3,000만 톤 있는 것으로 추정된다.

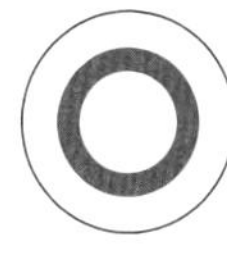

찬성

바다로 흘러드는 쓰레기의 대부분이 플라스틱이니 규제를 더욱 강화해야 해.

반대

개인보다 산업 공정이나 어업에서 쓰고 버린 플라스틱 쓰레기가 훨씬 많아.

생각 TIP

미세 플라스틱은 왜 위험할까?

생분해성 플라스틱은 친환경적일까?

태평양의 쓰레기섬은 얼마나 클까?

쓰레기 수출이란 무슨 뜻일까?

찬성 근거

1) 매년 약 1,200만 톤의 플라스틱 쓰레기가 바다로 버려져. 바다에서 잘게 쪼개진 미세 플라스틱은 생태계를 어지럽히고, 수산물을 먹는 우리 몸에 차곡차곡 쌓여.

2) 바다에 버려진 플라스틱 쓰레기는 수거 후에도 염분, 해초 등과 섞여 재활용이 어려워. 기술의 발달로 플라스틱 제품을 대체할 방법은 얼마든지 있어.

반대 근거

1) 바다에 떠다니는 플라스틱 쓰레기의 절반은 낚싯줄, 그물 같은 어업 폐기물이야. 모든 국민을 규제하기보다는 어업 활동에 대한 감시를 강화하는 게 더 효과적이야.

2) 플라스틱 사용을 막다가 오히려 환경에 안 좋은 대체 물질의 사용이 늘어날 수 있어. 플라스틱의 재활용률을 높이기 위한 방법을 찾는 게 더 나아.

참고 자료

사진 출처

52쪽 Stop Adani / www.flickr.com

63쪽 (위) 국립생물자원관

64쪽 Nkensei / commons.wikimedia.org

67쪽 한국해양과학기술원

71쪽 국립중앙박물관

96쪽 Hugh Venables / commons.wikimedia.org

123쪽 한국수산자원공단

125쪽 한국관광공사

133쪽 문화재청

135쪽 식품의약품안전처

137쪽 심원준 / 한국해양과학기술원

142쪽 한국해양과학기술원

다른 포스트

뉴스레터 구독

오도독 :: 06

바다의 미래가 사막이라면

생물 다양성부터 탄소중립까지

초판 1쇄 2024년 9월 25일

지은이 김종성

펴낸이 김한청
기획편집 원경은 차언조 양선화 양희우 유자영
마케팅 정원식 이진범
디자인 이성아 김현주
운영 설채린

펴낸곳 도서출판 다른
출판등록 2004년 9월 2일 제2013-000194호
주소 서울시 마포구 동교로 27길 3-10 희경빌딩 4층
전화 02-3143-6478 팩스 02-3143-6479 이메일 khc15968@hanmail.net
블로그 blog.naver.com/darun_pub 인스타그램 @darunpublishers

ISBN 979-11-5633-634-1 44000
979-11-5633-579-5 (세트)

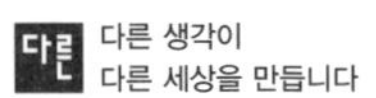